MW01226968

LIVRE DE CUISINE SOUS VIDE

100 recettes, cuisson longue durée et basse température

MARION PETIT

Sommario

NTRODUCTION...7

STEAK DE RUMSTECK SOUS VIDE...9

ROSBIF SOUS VIDE...12

FILET DE BISON AUX FÈVES...14

FILET DE SAUMON SOUS VIDE..16

CÔTE DE BŒUF CUITE SOUS VIDE.................................17

FILET DE PORC À LA CRÈME D'ESTRAGON.....................18

COD-SOUS-VIDE..20

POITRINE DE PORC CUITE SOUS VIDE...........................21

ROULEAU DE CANARD SOUS-VIDE.................................23

SELLE DE PORC SOUS VIDE...25

GIGOT D'AGNEAU CUIT SOUS VIDE.................................27

CUISSES DE CANARD CONFINÉES SOUS-VIDE...............29

ASPERGES AU CURRY ROUGE.......................................31

FILET BOUILLI..32

POULET À LA VANILLE ET CAROTTES AU MIEL...............34

STEAK DE BOEUF SOUS VIDE AU VIN ROUGE................36

SAUMON CUIT SOUS VIDE...38

FILET DE BOEUF ENTIER APRÈS SOUS VIDE.................40

RUMP STEAK À LA AVEC CIABATTA................................42

CUISSE DE POULET SOUS VIDE.....................................44

PATTE DE CHAMOIS SOUS VIDE....................................46

MAUVAIS FILET SOUS VIDE CUIT....................................48

SURLONGE DE BOEUF CUIT SOUS VIDE........................49

POMMES DE TERRE AU YUZU FERMENTÉ......................51

ASPERGES BLANCHES SOUS VIDE.................................52

POITRINE D'OIE SAUVAGE SOUS VIDE...........................53

LAPIN SOUS-VIDE..55

GIGOT D'AGNEAU SOUS VIDE..57

FILETS DE CROCODILE SOUS-VIDE................................58

Saumon au fromage à la crème.................................60

Cuisse d'oie sous vide.................................62

Poitrine d'oie sous vide.................................64

Rôti de bœuf vieilli à sec, sous vide.................................66

Truite saumonée sur lit de légumes.................................67

Dos et pattes de lapin avec bouillon.................................69

Salade grecque sous vide.................................72

Boeuf sous vide style picanha.................................74

Porc effiloché sous vide à l'asie.................................76

Œuf sous vide.................................79

Gigot d'agneau sous vide.................................81

Légumes au paprika sous vide.................................82

Fenouil au safran sous vide.................................83

Rôti de boeuf avec croûte de noix.................................84

Filet de boeuf, sans saisir.................................86

Pavé de thon aux épinards à la noix de coco.................................87

Magret de canard à l'orange.................................89

Selle d'agneau gratinée aux pommes de terre.................................91

Rouler le rôti dans le filet de bacon.................................95

Poitrine de poulet à la moutarde aux herbes.................................97

Agneau sous vide - sans saisir.................................99

Pulpo au beurre de chorizo.................................100

Caille aux épinards.................................102

Poitrine de dinde coupée en poivron.................................104

Saumon aux câpres sur une salade.................................106

Poitrine de canard.................................108

Œuf d'onsen au four sur épinards.................................110

Rouleaux de poulet avec chapelure.................................112

Buta no kakuni.................................114

Cuisses de poulet aux champignons.................................116

Carpaccio de betteraves au canard oriental.................................119

Le filet de bœuf parfait.................................121

Salade Pulpo aux salicornes.................................123

Filet de porc.................................125

ROULADE DE VEAU AU RAGOÛT DE TOMATES..................................127

ENTRECÔTE GRATINÉE DE POMMES DE TERRE.............................129

SALADE DE FRUITS À LA ZABAIONE..131

CAROTTE SOUS VIDE..134

POITRINES DE POULET CROUSTILLANTES AVEC SALADE................136

FILET DE BOEUF SUR PURÉE DE POMMES DE TERRE....................139

SAUCE HOLLANDAISE...142

PORC EFFILOCHÉ - CUIT SOUS VIDE.......................................144

SAUMON AUX CAROTTES ET PURÉE DE POIS............................146

ASPERGES VERTES..149

ŒUF POCHÉ AUX CRÊPES..151

ASPERGES SOUS VIDE..153

CÔTES LEVÉES SOUS VIDE..155

BÂTONNETS DE CAROTTES SOUS VIDE...................................157

FILET DE PORC SOUS VIDE..159

PURÉE DE POMMES DE TERRE SOUS VIDE..............................161

CITROUILLE D'HOKKAIDO SOUS VIDE.....................................163

MÉDAILLONS DE PORC SOUS VIDE..165

SAUMON SOUS VIDE...166

MAGRET DE CANARD À L'ORANGE...168

MILLEFEUILLE AUX POMMES AVEC SAUCE AUX FRUITS ROUGES......170

MILLEFEUILLE DE POMME AVEC MOUSSE................................172

SAUMON SOUS VIDE À L'ANETH...174

ROULADE DE BŒUF AVEC SAUCE À L'OIGNON...........................176

MOJITO INFUSÉ SOUS VIDE...178

FILET DE FILET SOUS VIDE..179

BROCOLI ROMANESCO SOUS VIDE..182

BURGERS VÉGÉTARIENS AU CÉLERI-RAVE................................183

ANANAS INFUSÉ...185

JOUE DE VEAU AU CHOU..187

TOURNEDOS ROSSINI..190

GRATIN FESTONNÉ..192

POULET AVEC SAUCE AU BROCOLI..193

PURÉE DE POMMES DE TERRE À 72 DEGRÉS............................195

CONCLUSION...**197**

• **INTRODUCTION**

Sous vide (français) également connu sous le nom de cuisson longue durée à basse température, est une méthode de cuisson dans laquelle les aliments sont placés dans un sachet en plastique ou un bocal en verre et cuits dans un bain-marie pendant plus longtemps que les temps de cuisson habituels (généralement 1 à 7 heures , jusqu'à 72 heures ou plus dans certains cas) à une température régulée avec précision.

La cuisson sous vide se fait principalement à l'aide de circulateurs à immersion thermique.La température est beaucoup plus basse que celle habituellement utilisée pour la cuisson, typiquement autour de 55 à 60 ° C (130 à 140 ° F) pour la viande rouge, 66 à 71 ° C (150 à 160 ° C). ° F) pour la volaille, et plus pour les légumes. L'intention est de cuire l'article uniformément, en s'assurant que l'intérieur est correctement cuit sans trop cuire l'extérieur et de retenir l'humidité.

La cuisson sous vide est beaucoup plus facile que vous ne le pensez et implique généralement trois étapes simples:

- Fixez votre cuiseur de précision à une casserole d'eau et réglez la durée et la température en fonction du niveau de cuisson souhaité.
- Mettez vos aliments dans un sac refermable et attachez-les sur le côté du pot.
- Terminez par saisir, griller ou griller les aliments pour ajouter une couche extérieure croustillante et dorée.

Avec un contrôle précis de la température dans la cuisine, le sous vide offre les avantages suivants:

- Cohérence. Parce que vous faites cuire vos aliments à une température précise pendant une durée précise, vous pouvez vous attendre à des résultats très cohérents.
- Goût. La nourriture cuit dans son jus. Cela garantit que la nourriture est humide, juteuse et tendre.
- Réduction du gaspillage. Les aliments préparés de manière traditionnelle se dessèchent et entraînent des déchets. Par exemple, en moyenne, un steak cuit traditionnellement perd jusqu'à 40% de son volume en raison du dessèchement. Le steak cuit par cuisson de précision, ne perd rien de son volume.
- La flexibilité. La cuisine traditionnelle peut exiger votre attention constante. La cuisson de précision amène les aliments à une température exacte et les maintient. Il n'y a pas de souci de trop cuire.

- *Steak de rumsteck sous vide*

Ingrédients pour 2 portions

- 2 stk rumsteck (rosbif) a 250g
- 1 prix
- 1 prix
- 1 shot d'huile pour la poêle

Préparation

Avec la recette de rumsteck, il est important de savoir à l'avance comment vous voulez la viande. Ceci et l'épaisseur de la viande entraînent également des temps de cuisson et des températures de cuisson différents - voir ci-dessous pour plus de détails.

L'épaisseur idéale des steaks doit être comprise entre 2-3 cm et il doit avoir une belle persille. Lavez d'abord la viande, séchez-la, puis passez l'aspirateur sur chaque morceau de viande dans une feuille de cuisson appropriée.

Maintenant, placez les deux morceaux de viande côte à côte dans l'appareil sous vide (ou four à vapeur) et faites cuire selon le degré de cuisson souhaité - voici quelques aides: Rare 47 degrés, moyen 55 degrés, bien cuit 63 degrés pendant env. . 70 minutes. Plus la viande est épaisse, plus elle doit être cuite longtemps - peu d'aide: 4 cm environ 120 minutes, 5 cm 160 minutes.

Après la cuisson, retirez la viande, découpez-la du sac, récupérez le jus - cela peut servir de base à une sauce - tamponnez un peu la viande, salez et poivrez, et dans une poêle très chaude avec un filet d'huile ou de beurre des deux côtés, saisir à chaud - env. 60-90 secondes de chaque côté.

- *Rosbif sous vide*

Ingrédients pour 4 portions
- 1 kg de rosbif
- 1 shot d'huile d'olive
- 3 branches de romarin
- 3 branches de thym
- 20 g de beurre

Préparation

Temps total env. 5 heures 20 minutes

La chose la plus importante avec la cuisson sous vide d'une viande ou d'un poisson est que vous ayez une scelleuse sous vide et au mieux une cuisinière sous vide.

Sortez d'abord le steak de son emballage et lavez-le à l'eau froide, puis tamponnez-le avec du papier crépon.

Veuillez séparer les feuilles de thym et de romarin de la tige et ne pas passer l'aspirateur sur la tige car elle est trop dure.

Frottez maintenant le rosbif avec l'huile d'olive et placez-le dans un sac en plastique adapté à la cuisson sous vide. Ajoutez ensuite les feuilles de thym et de romarin dans le sac. Passez l'aspirateur sur tout ce qui se trouve dans ce sac.

Préchauffez le cuiseur sous vide à 56 degrés et ajoutez le rosbif au bain-marie. La viande doit ensuite être cuite au bain-marie pendant 5 heures.

Après 5 heures, sortez le steak du sac et tamponnez-le. Chauffer une poêle à griller et saisir brièvement la viande de chaque côté pendant 1 minute maximum. Mettez le beurre dans la casserole pour arrondir.

Ensuite, laissez le steak sur une assiette préchauffée pendant 3 minutes.

- *Filet de bison aux fèves*

Ingrédients pour 2 portions

- 1 tasse de polenta
- Sel et poivre, blanc
- 1 tasse de lait
- 1 tasse d'eau
- 30 g de morilles séchées (morilles noires)
- 3 protéines
- Beurre
- 150 g de haricots (fèves), congelés
- 100 ml de jus d'orange
- 1 cuillère à soupe. Estragon, feuilles cueillies
- 300 g Filet de bison
- 1 cuillère à soupe. beurre clarifié

Préparation

Temps total env. 30 minutes

Sceller le filet de bison dans un sac en plastique. Laisser tremper dans un bain-marie à 65 ° C pendant environ 2 heures. Déballer le filet de bison, assaisonner de sel et de poivre et laisser tous les côtés prendre brièvement et vigoureusement la couleur dans du beurre clarifié, laisser reposer au moins 5 minutes, puis couper en deux tranches.

Faites cuire la polenta dans un mélange de lait et d'eau avec un peu de sel. Faites tremper les morilles, puis coupez-les en petits morceaux et ajoutez-les à la polenta refroidie. Peut-être. Ajouter l'eau de trempage des morilles pour améliorer la consistance. Battre les blancs d'œufs avec un peu de sel jusqu'à ce qu'ils soient fermes, incorporer sous la polenta et verser le mélange dans des moules beurrés. Cuire au bain-marie à 180 ° C jusqu'à ce qu'ils soient légèrement dorés.

Laissez les fèves décongeler, retirez la peau épaisse. Réduisez un peu le jus d'orange, ajoutez le beurre et le sel. Ne faites chauffer les fèves que brièvement. Hachez finement l'estragon et ajoutez-le avant de servir.

- *Filet de saumon sous vide*

Ingrédients pour 4 portions
- 450 g de filet de saumon, frais
- Huile d'olive
- Sel et poivre
- Poudre d'ail
- Jus de citron

Préparation

Temps total env. 1 heure

Préparez un sac sous vide adapté, passez l'aspirateur sur le saumon avec 1 cuillère à café d'huile d'olive et un peu de sel. Placer soigneusement le saumon dans le sac sous vide dans le bain-marie préchauffé à 52 ° C et cuire environ 20 à 25 minutes.

Sortez ensuite le saumon du bain, sortez délicatement le poisson du sac et faites-le frire légèrement dans la poêle, mais il peut également être consommé directement.

Arrangez le sel et un peu de poivre avec un peu de jus de citron, selon votre goût. Servir sur des légumes ou du riz, selon le goût.

- *Côte de bœuf cuite sous vide*

Ingrédients pour 3 portions
- 4 cuillères à soupe Sauce worcester
- 2 cuillères à soupe. sel
- 1 cuillère à soupe. Poivre, fraîchement moulu
- 1 cuillère à soupe. l'huile de colza
- 1,3 kg de rosbif (côte haute, avec os)

Préparation
Temps total env. 8 heures 30 minutes
Frottez généreusement la côte haute avec la sauce Worcestershire. Saupoudrez ensuite de sel et frottez également. Placer dans un sac sous vide et sceller. Transférer dans le récipient Sous Vide et cuire 8 heures à 56 ° C. Lorsque le temps est écoulé, saisir les côtes de tous les côtés dans une poêle ou sur le gril. Puis coupez en tranches et saupoudrez de poivre fraîchement moulu.
Cela va bien avec les légumes poêlés et les trempettes à votre convenance.

- *Filet de porc à la crème d'estragon*

Ingrédients pour 4 portions
- 1 porc
- 1 bouquet d'estragon, plus frais
- 1 cuillère à soupe. Moutarde, granuleuse
- 200 ml de crème
- 1 échalote
- 1 cuillère à soupe. Huile de tournesol
- 10 g de beurre
- Sel et poivre

Préparation

Temps total env. 1 heure 50 minutes

Lavez le filet de porc, séchez-le et retirez l'excès de gras et les tendons. Frottez avec de l'huile de tournesol, du sel et du poivre. Lavez l'estragon, secouez-le et hachez-le finement. Épluchez et coupez finement l'échalote.

Mettez le filet de porc dans un sac, ajoutez une cuillère à café d'estragon et passez l'aspirateur. Cuire sur la grille 3 dans le programme "Sous vide" à 65 ° C pendant env. 80 minutes dans le cuiseur vapeur.

Pendant ce temps, faites suer les cubes d'échalote dans le beurre jusqu'à ce qu'ils soient translucides puis déglacer avec la crème. Incorporer la moutarde, ajouter l'estragon restant et laisser mijoter un peu.

Lorsque le filet de porc est cuit, il est frit dans une poêle très chaude. Lorsque la viande sous vide a été cuite, elle n'a pas de croûte. Afin de ne pas modifier significativement le point de cuisson pendant la torréfaction, la casserole doit être très chaude pour que la croûte se forme très rapidement. Découpez le porc en biais et disposez-le sur la crème d'estragon.

- *Cod-sous-vide*

Ingrédients pour 2 portions
- 2 filets de cabillaud
- 2 cuillères à soupe. Persil séché
- 4 cuillères à soupe huile d'olive
- 2 orteils d'ail
- 1 cuillère à café de jus de citron
- Sel et poivre

Préparation

Temps total env. 30 minutes

Préparez une marinade avec de l'huile d'olive, du persil, de l'ail pressé, du jus de citron, du sel et du poivre.

Préparez deux sacs sous vide. Répartir la marinade sur les filets de poisson et souder les filets à l'aide de l'aspirateur.

Cuire 20 minutes à 52 degrés.

Astuce: tourbillonnez rapidement le poisson cuit dans une casserole avec du beurre chaud.

- *Poitrine de porc cuite sous vide*

Ingrédients pour 2 portions

- 500 g de poitrine de porc désossée
- 30 g Sel de marinade (sel de marinade nitrite)
- 15 g de sucre, brun
- 1 feuille de laurier
- 10 baies de genièvre
- 10 grains de poivre
- 3 clou de girofle
- 2 cuillères à soupe. Moutarde moyennement chaude
- Poivre, noir, moulu grossièrement

Préparation

Dans une casserole, faites bouillir 300 ml d'eau avec du sel de marinade et de la cassonade dans une saumure de cornichon. Laisser refroidir la saumure et vacciner la viande avec une seringue à saumure.

Écrasez les baies de genièvre et les grains de poivre et ajoutez au reste de la saumure avec la feuille de laurier et les clous de girofle. Placer la poitrine de porc avec la saumure dans un sac de congélation, fermer hermétiquement et laisser au réfrigérateur pendant 12 heures.

Retirer la viande, laver, sécher, assaisonner de poivre et badigeonner de moutarde. Passez l'aspirateur sur la poitrine de porc et faites cuire au bain-marie à 65 degrés pendant 24 heures.

Lorsque le temps de cuisson est terminé, retirez la viande du sac sous vide, coupez la croûte en forme de losange et faites-la frire jusqu'à ce qu'elle soit croustillante sous le gril du four. Couper la poitrine de porc en tranches et servir avec de la choucroute et de la purée de pommes de terre.

- ***Rouleau de canard sous-vide***

Ingrédients pour 6 portions

- 2 Club (canard)
- 1 magret de canard
- Bacon, plus gros
- 50 g de pistaches, hachées grossièrement
- 80 g de noix de macadamia, hachées grossièrement
- 2 petits oeufs
- Crème
- Le sel
- Poivre
- 150 g de bacon
- Poivre,
- Sel de mer

Préparation

Temps total env. 1 heure 40 minutes

Retirer la peau des cuisses et de la poitrine de canard, les couper en petits dés et les faire revenir lentement dans une poêle jusqu'à ce qu'elles soient croustillantes. Ensuite, placez sur un tamis pour égoutter.

Relâchez les cuisses de canard et préparez un bouillon à partir des os

Couper le magret de canard en lanières

Coupez le bacon en petits dés.

Faites une farce avec la viande des cuisses, la crème, les œufs, les épices et le bacon. Mélangez les pistaches et les noix et une partie de la peau de canard rôtie sous la farce.

Posez le bacon en superposition sur une planche et étalez la farce dessus, étalez les lanières de magret de canard sur la farce. Rouler le tout avec le bacon.

Mettre le rouleau dans un sac sous vide et cuire à 60 ° pendant environ 1 heure.

Sortez le rouleau du sac et faites-le frire brièvement tout autour dans la graisse de canard, coupez-le en tranches pour le servir et saupoudrez de peau de canard rôtie et de poivre de Tasmanie fraîchement moulu et de fleur de sel.

- *Selle de porc sous vide*

Ingrédients pour 4 portions

- 800 g de porc
- 2 orteils d'ail
- 3 cuillères à soupe beurre
- 1 feuille de laurier
- Huile d'olive
- Poivre noir du moulin
- Le sel

Préparation

Temps total env. 2 heures 20 minutes

Frottez le dos avec un peu d'huile d'olive et recouvrez de tranches d'ail et de laurier et passez l'aspirateur.

Placer dans un bain-marie à 60 ° pendant env. 75 à 90 minutes. Alternativement, vous pouvez également utiliser le cuiseur à vapeur.

Le temps est d'une importance secondaire, car la viande ne peut pas chauffer plus de 60 °. Il vaut mieux le laisser plus longtemps si vous n'êtes pas sûr.

Sortez ensuite le porc, faites mousser le beurre dans une poêle chaude et faites-y revenir brièvement la viande. Assaisonner de sel et de poivre et ouvrir.

Cela va avec le risotto et les légumes rôtis (par exemple les poivrons pointus).

La viande est alors très tendre, rose pâle et très savoureuse.

- *Gigot d'agneau cuit sous vide*

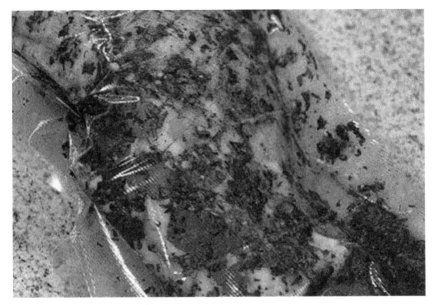

Ingrédients pour 6 portions
Pour la marinade:

- 1 poignée de poivre noir
- 1 poignée de sel
- 1 tubercule d'ail
- 1 bouquet de coriandre
- 2 échalotes
- 1 citron vert

Pour la viande:

- 1 gigot d'agneau, avec os, 2-3 kg
- 1 poignée de sel

Préparation

Temps total env. 18 heures 30 minutes

Enveloppez le bulbe d'ail dans du papier aluminium et faites-le rôtir sur le gril ou au four à 180 ° C pendant une heure.

Pour la marinade, broyer finement le sel et le poivre dans un mortier. Couper en deux l'ail rôti et maintenant tendre et presser la moitié dans le mortier. Hachez la coriandre et les échalotes et ajoutez-les au mortier. Pressez le citron vert, ajoutez le jus au mortier et mélangez le tout en une suspension.

Remplissez un bain-marie sous vide et préchauffez à 58 ° C.

Parez le gigot d'agneau. S'il a un capuchon de graisse solide, décollez-le un peu. Coupez le capuchon de graisse en forme de losange, en prenant soin de ne pas blesser la viande. Salez la jambe, frottez-la avec la marinade, ajoutez l'ail restant et passez l'aspirateur sur la jambe. Faites cuire sous vide pendant 18 heures (ce n'est pas une faute de frappe).

Après la cuisson, retirez la jambe du sac et séchez-la. Griller sur le gril à chaleur directe pour créer des arômes de torréfaction.

- *Cuisses de canard confinées sous-vide*

Ingrédients pour 2 portions

- 2 pattes de canard
- Sel de mer
- Poivre, noir, fraîchement moulu
- 1 cuillère à soupe. Fond de canard concentré
- 2 feuilles de laurier, fraîches
- 5 grains de piment
- 3 disques d'ail séchés
- 2 cuillères à soupe. Lard entassé (canard), réfrigéré

Préparation

Temps total env. 3 jours 8 heures 5 minutes

Frottez les cuisses de canard avec le fond de canard, salez et poivrez bien. Passez l'aspirateur avec les autres ingrédients dans un sac (puisque du liquide est aspiré avec une scelleuse sous vide domestique, vérifiez soigneusement le cordon de soudure pour des fuites) et faites cuire à 80 ° C pendant huit heures, puis refroidissez rapidement dans un bain d'eau glacée pendant au moins 15 minutes.

Laisser au réfrigérateur quelques jours ou plus si possible.

Pour servir au bain-marie, chauffer à 75 à 80 ° C, retirer délicatement du sac et, si nécessaire, faire dorer brièvement la peau sous la salamandre ou la grille infrarouge du four.

- *Asperges au curry rouge*

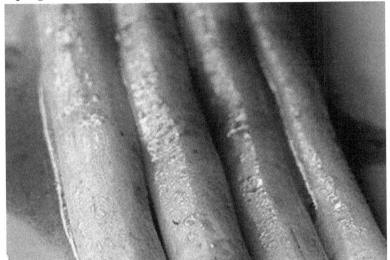

Ingrédients pour 2 portions

- 500 g d'asperges blanches
- 2 cuillères à café de pâte de curry, rouge
- 3 cuillères à soupe Lait de coco, congelé
- 1 pincée de sucre
- 1 pincée de sel
- 1 cuillère à café de beurre

Préparation

Temps total env. 55 minutes

Achetez des asperges fraîches et épluchez-les.

Ensuite, assaisonnez les asperges avec du sel et du sucre - mettez-les dans un sac. Répartissez ensuite les ingrédients restants dans le sac. Étalez un peu la pâte de curry sur les asperges. J'aime utiliser du lait de coco congelé pour la méthode sous vide. J'ai généralement besoin de petites quantités pour avoir toujours du lait de coco dans le bac à glaçons et pouvoir l'aspirer plus facilement.

Réglez le bain-marie à 85 ° C et faites cuire les asperges pendant 45 minutes.

Ouvrez le sachet à la fin du temps de cuisson. Attrapez le jus de l'eau d'asperges, du curry et du lait de coco, épaississez un peu et servez avec les asperges.

- *Filet bouilli*

Ingrédients pour 4 portions

- 1 kg de bœuf
- 1 carotte
- 50 g de céleri-rave
- 1 petit oignon
- 1 cuillère à soupe. huile
- 100 ml de vin blanc
- Sel de mer
- 6 grains de poivre
- 1 feuille de laurier

Préparation

Temps total env. 20 heures 15 minutes

Épluchez la peau du dessus du bœuf bouilli. Coupez en petits dés la carotte, l'oignon et le céleri. Faites chauffer l'huile dans une poêle et faites suer les légumes. Déglacer au vin blanc, réduire presque complètement.

Frottez le filet bouilli avec un peu d'huile, du sel (pas trop) et mettez-le dans un sac sous vide. Ajouter les légumes, la feuille de laurier et les grains de poivre et répartir dans le sac. Passe l'aspirateur. Cuire au bain-marie entre 60 et 65 ° C pendant 20 heures.

Sortez ensuite du sac, retirez les légumes et coupez le bœuf bouilli.

La viande devient tendre, aromatique et conserve une couleur rose uniforme. Goût délicieux avec de la chapelure, de la sauce verte ou des légumes-racines.

La bonne température est un peu une question de goût. Je le fais toujours cuire à 64 ° C. Plus il y reste longtemps, plus la structure de la viande est perdue. Un jour de plus et il peut être écrasé avec la langue. Je l'aime un peu plus "croustillant".

La quantité par portion est déjà assez généreuse, on peut en manger plus avec.

- *Poulet à la vanille et carottes au miel*

Ingrédients pour 2 portions

- 2 Filets de poitrine de poulet, sans peau
- ½ gousse de vanille, coupée en deux dans le sens de la longueur
- 2 cuillères à soupe. Huile, pépins de raisin
- 16 Carotte, bébé, pelée
- 2 cuillères à soupe. beurre
- 3 cuillères à soupe Miel d'acacia
- Le sel
- Poivre, noir, moulu

Préparation

Temps total env. 4 heures

Passez l'aspirateur sur les filets de poitrine de poulet avec l'huile, la gousse de vanille et le poivre et laissez mariner pendant au moins 2 heures.

Passez l'aspirateur chaque 8 carottes avec 1 c. beurre et 1,5 c. mon chéri.

Faites cuire le poulet à 60 ° pendant 100 minutes au bain-marie ou au cuiseur vapeur. Retirer du sac et saisir dans une poêle préchauffée. Puis le sel.

Faites cuire les carottes à 85 ° pendant 25 minutes au four à vapeur ou au bain-marie. Ensuite, mettez dans une poêle préchauffée et faites frire jusqu'à ce que le miel soit caramélisé. Sel et poivre.

Disposer sur des assiettes préchauffées.

Se marie bien avec le couscous ou la polenta.

- *Steak de boeuf sous vide au vin rouge*

Ingrédients pour 2 portions

- 2 Steak de bœuf (bifteck de hanche), env. 250 g chacun
- 4 branches de romarin
- 4 branches de thym
- 100 ml de vin de Porto
- 150 ml de vin rouge
- Huile d'olive, bonne
- Beurre clarifié
- Sel de mer, gros
- Poivre (steak poivré)
- 1 cuillère à café de sucre
- 1 cuillère à soupe. Beurre, froid

Préparation

Temps total env. 2 heures

Assécher les steaks de bœuf et les passer l'aspirateur avec un brin de thym et de romarin et un petit filet d'huile d'olive.

Chauffez le bain sous vide à 56 degrés, puis mettez-y les sacs.

Peu avant la fin de la cuisson, laisser caraméliser le sucre dans une casserole et déglacer avec le vin rouge et le porto. Ajouter les herbes restantes et laisser mijoter doucement le vin.

Après 90 minutes, retirez les steaks du bain-marie. Placez une casserole avec du beurre clarifié et laissez le beurre devenir bien chaud. En attendant, tapotez légèrement les steaks. Saisir brièvement les steaks dans le beurre pendant environ 5 à 10 secondes de chaque côté, puis envelopper dans du papier aluminium et réserver au chaud.

Mettre le mélange de vin dans la casserole et réduire au 1/3, assaisonner de sel et de poivre et épaissir avec un peu de beurre.

Mettez la sauce dans l'assiette et posez le steak dessus, saupoudrez de gros sel et de poivre.

Les pommes de terre au four vont très bien avec cela.

- *Saumon cuit sous vide*

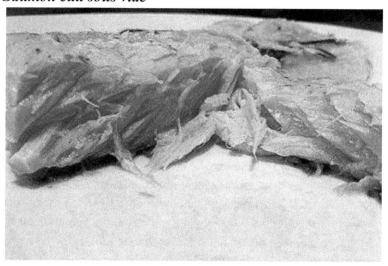

Ingrédients pour 1 portions
- 200 g de filet de saumon avec peau
- 2 tranches de citron, tranchées finement
- 2 branches d'aneth
- ½ gousse d'ail, tranchée finement
- Romarin
- Thym
- 2 gouttes d'huile d'olive
- Poivre

Préparation

Temps total env. 45 minutes

Tamponnez le saumon. Badigeonner légèrement d'huile d'olive et de poivre. Placer dans un sac sous vide. Répartir les tranches de citron et d'ail ainsi que les herbes sur le poisson et passer l'aspirateur.

Chauffer un bain-marie avec un stick sous vide à 45 ° C et cuire le sachet avec son contenu pendant env. 30 minutes. Au bout de 30 minutes, sortez le saumon de son emballage.

Mettre environ 10 secondes dans une poêle chaude côté peau et faire frire très chaud, servir immédiatement.

Chacun peut ensuite assaisonner au goût avec du sel, du poivre, du citron et du piment.

- **Poitrine de porc sous vide**

Ingrédients pour 2 portions

- 500 g Poitrine de porc, non séchée
- 1 feuille de laurier, fraîche
- 3 baies de genièvre
- Le sel
- Poivre noir du moulin

Préparation

Temps total env. 15 heures 5 minutes

Divisez la feuille de laurier en morceaux. Pressez les baies de genièvre. Frottez la poitrine de porc avec un peu de sel, poivrez-la doucement et mettez-la dans un sac sous vide avec des baies de genièvre et des feuilles de laurier.

Passer l'aspirateur et cuire au bain-marie à 75 ° C pendant 15 heures.

Le résultat est une poitrine de porc tendre, aromatique et juteuse, mais plus rose.

- *Filet de boeuf entier après sous vide*

Ingrédients pour 4 portions

- 500 g de filet de bœuf entier
- 1 branche de romarin
- 2 cuillères à soupe. beurre
- 2 cuillères à café de sel
- 1 cuillère à café de poivre noir
- 3 baies de genièvre
- Quelques aiguilles de romarin

Préparation

Temps total env. 3 heures 15 minutes

Lavez le filet de bœuf entier, séchez-le avec du papier absorbant et portez-le lentement à température ambiante (sortez-le du réfrigérateur environ 2 heures à l'avance).

Puis souder en papillote avec le brin de romarin.

Le bol du Cooking Chef jusqu'à max. Remplissez le marquage avec de l'eau et réglez-le à 58 ° C (mettez le pare-éclaboussures, intervalle d'agitation 3 sans agitateur).

Lorsque la température est atteinte, ajoutez le filet de bœuf soudé et laissez-le là pendant 3 heures. Fermez le pare-éclaboussures pour que la température reste constante!

Retirez ensuite le CC et coupez le film.

Faites chauffer le beurre avec le sel, le poivre, les baies de genièvre pressées et quelques aiguilles de romarin dans la poêle et laissez légèrement dorer. Faire dorer brièvement le filet des deux côtés (au total environ 1 min.).

Coupez simplement (pas des tranches trop fines) et servez.

- *Rump steak à la avec ciabatta*

Ingrédients pour 1 portions

- 300 g de boeuf
- 1 paquet de roquette
- 100 g de pignons de pin
- 2 gousses d'ail
- 100 g de parmesan
- 150 ml d'huile d'olive
- 1 ciabatta pour la cuisson
- 50 g de tomate cerise
- 1 boule de Mozzarella
- Sel et poivre

Préparation

Temps total env. 1 heure 55 minutes

Passez l'aspirateur sur le filet de bœuf et laissez-le reposer pendant 10 à 15 min. laissez reposer à température ambiante. Chauffez l'eau à 56 ° C et placez le filet dans le bain-marie à température constante. Cuire environ au bain-marie pendant 50 à 55 minutes.

Pendant ce temps, faites cuire le pain selon les instructions sur l'emballage.

Préparez le pesto - mélangez la roquette, les pignons de pin, le parmesan et l'huile jusqu'à obtenir un mélange crémeux. Coupez la mozzarella et les tomates en petits cubes.

Couper le pain en tranches et badigeonner de pesto. Placez les morceaux de tomate et de mozzarella sur les tranches enrobées.

Faites chauffer une poêle et saisissez-y le filet de bifteck. Servir saupoudré de sel et de poivre.

- *Cuisse de poulet sous vide*

Ingrédients pour 1 portions
- 1 grosse cuisses de poulet
- Paprika
- Sel et poivre

Préparation

Temps total env. 1 heure 40 minutes

Frottez la cuisse de poulet avec du poivre, du sel et du paprika et scellez-la dans un sac sous vide. Si nécessaire, il y a aussi un sac de congélation avec une fermeture à glissière, dans lequel vous aspirez l'air avec une paille.

Chauffez un bain-marie à 82 ° C et placez le sac sous vide dans le bain-marie et faites cuire la cuisse de poulet pendant environ 90 minutes à une température constante de 82 ° C. Cela n'a plus d'importance.

Lorsque le temps de cuisson est atteint, préchauffez une lèchefrite au niveau le plus élevé et réglez également le grand gril du four au niveau le plus élevé plus le programme de gril.

Sortez la cuisse de poulet du sac sous vide et placez-la dans la casserole chauffée. Placez la poêle immédiatement sous le gril et faites griller la jambe au four pendant 2 à 4 minutes jusqu'à ce que la peau soit croustillante. La jambe est cuite jusqu'au dernier os et dégage un bon arôme de gril.

- *Patte de chamois sous vide*

Ingrédients pour 2 portions

- 500 g de cuisses de chamois, désossées, préparées par le boucher
- 200 ml de vin rouge, sec
- 200 ml de fonds sauvage
- 6 Date, sans pierre
- 2 cuillères à soupe. Vinaigre de cidre de pomme
- 2 cuillères à soupe. beurre clarifié
- 2 oignons rouges
- 1 cuillère à café d'assaisonnement de chevreuil

Préparation

Temps total env. 2 heures 40 minutes

Faites frire la patte de chamois dans du beurre clarifié. Laisser refroidir un peu la jambe, puis la sceller dans du papier d'aluminium. Cuire au bain-marie à 68 degrés pendant environ 2 heures.

Coupez les oignons en bâtonnets, hachez la moitié des dattes, coupez l'autre moitié en tranches.

Faire revenir lentement l'oignon dans la poêle de la cuisse. Ajoutez les dattes hachées. Déglacer avec le vin rouge, le jus sauvage et le vinaigre de cidre de pomme et réduire de moitié. Ajoutez les épices de gibier et les tranches de dattes.

- *Mauvais filet sous vide cuit*

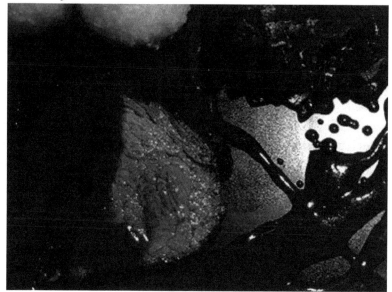

Ingrédients pour 4 portions

- 1 kg d'épaule de bœuf (faux filet)
- 2 cuillères à soupe. beurre
- 2 cuillères à café de thym
- 1 cuillère à café de poivre noir
- 2 gousses d'ail

Préparation

Temps total env. 2 heures 30 minutes

Déballez le filet et séchez-le. Parez la viande proprement. Frottez avec le beurre pour que le poivre et le thym collent mieux. Placer le filet avec l'ail pressé dans un sac sous vide et passer l'aspirateur.

Placez le mauvais filet dans l'appareil sous vide à 54 ° C et laissez-le là pendant deux heures.

Après deux heures, ouvrez le sac et faites griller de tous les côtés pendant 2-3 minutes à feu direct. Après la cuisson, laissez reposer la viande pendant environ 3 à 5 minutes, après quoi elle est prête.

Finement tranché, par exemple en entrée, absolument délicieux.

- *Surlonge de boeuf cuit sous vide*

Ingrédients pour 2 portions

- 600 g de bœuf
- 1 pincée de sel
- 1 pincée de poivre
- 2 cuillères à soupe. Huile entassée
- 1 petit morceau de beurre ou de beurre aux herbes

Préparation

Temps total env. 1 heure 29 minutes

Vous prenez 2 longes de bœuf de 300 grammes, idéalement chez le boucher. Vous pouvez les passer l'aspirateur chez le boucher ou le faire vous-même à la maison, également avec des herbes.

Faites chauffer une casserole d'eau et attendez qu'elle bouillonne. N'oubliez pas de mettre le couvercle dessus. Dès que l'eau bout correctement, elle a une température d'env. 100 degrés.

Vous posez la casserole avec le couvercle de la plaque de cuisson et attendez environ 5 minutes. Ensuite, l'eau a une température comprise entre 85 et 90 degrés. Mettez maintenant la viande dans le sac sous vide dans l'eau jusqu'à ce qu'elle soit couverte. Remettez le couvercle et laissez mijoter 15 minutes.

Avec cela, nous atteignons une température à cœur d'env. 50 degrés dans la viande. Après ce temps, sortez-le du pot et laissez-le reposer pendant 4 à 5 minutes.

Maintenant, la viande sort de son sac. Vous le massez avec de l'huile et assaisonnez avec du sel et du poivre de chaque côté. Laisser chauffer la casserole en même temps puis saisir la fin de l'enduit, env. 1,5 minute de chaque côté. Retirez maintenant la casserole de la plaque de cuisson et ajoutez un morceau de beurre (aux herbes). Pour que la viande frotte de tous les côtés et laissez reposer la viande à nouveau.

Maintenant, disposez sur l'assiette et versez le reste du beurre aux herbes si nécessaire.

- *Pommes de terre au yuzu fermenté*

Ingrédients pour 4 portions

- 700 g de pommes de terre à cuisson ferme
- 50 g de céleri
- 50 g de carotte
- 1 échalote
- 10 g de Yuzu, fermenté
- 20 ml de bouillon de légumes
- 1 pincée de sucre
- Sauce soja

Préparation

Temps total env. 2 heures 35 minutes

Épluchez les pommes de terre, coupez-les en cubes (bord environ 2 cm), blanchissez brièvement dans l'eau salée et laissez refroidir.

Coupez le céleri, les carottes et les échalotes en très petits cubes.

Mettez tous les ingrédients dans un sachet sous vide avec le yuzu fermenté, le bouillon de légumes et une pincée de sucre. Appliquer un vide moyen et cuire à 85 ° C pendant environ 2 heures.

Ensuite, ouvrez le sac et assaisonnez avec un peu de soja yuzu.

- *Asperges blanches sous vide*

Ingrédients pour 2 portions
- 800 g d'asperges blanches
- 1 cuillère à café de sucre
- 1 pincée de sel
- 50 g de beurre
- Herbes

Préparation

Temps total env. 40 minutes

Épluchez les asperges et coupez les extrémités. Mettez les asperges dans un sac, ajoutez le sel, le sucre et le beurre et passez l'aspirateur.

Cuire sur la grille 3 dans le programme "Sous vide" à 85 ° C pendant env. 30 minutes dans le cuiseur vapeur.

Si vous le souhaitez, vous pouvez passer l'aspirateur d'herbes telles que le basilic, l'ail sauvage, le thym, le romarin ou la menthe avec les asperges. Mais attention! L'expérience gustative devient assez intense.

- *Poitrine d'oie sauvage sous vide*

Ingrédients pour 4 portions
- 2 poitrines d'oie déclenchées par des oies sauvages
- 2 cuillères à café Sel, gros
- 1 cuillère à café de grains de poivre, noir
- 6 baies de genièvre
- 3 piment de la Jamaïque
- 200 ml d'huile de noix
- 100 ml de vin rouge
- 200 ml de fonds sauvage
- Maïzena pour la prise

Préparation

Temps total env. 1 heure 25 minutes

Mortier les épices. Placer 1 poitrine chacun dans un sac sous vide. Ajoutez 100 ml d'huile de noix dans chaque sac. Passez l'aspirateur et faites cuire au bain-marie à 68 degrés pendant environ 1 heure.

Ensuite, retirez-les, séchez-les et faites-les frire tout autour dans la poêle. Laissez reposer un peu puis coupez.

Pendant ce temps, déglacez le rôti au vin rouge et laissez-le bouillir un peu. Verser le bouillon de gibier, éventuellement assaisonner avec du sel, du poivre et du sucre puis nouer avec de la fécule de maïs.

- *Lapin sous-vide*

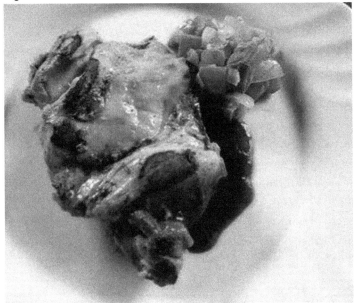

Ingrédients pour 4 portions

- 4 patte de lapin
- 1 oignon
- 3 carottes
- 1 barre de poireau
- 1 gousse d'ail
- 1 céleri-rave plus petit
- Romarin
- 2 cuillères à soupe. huile d'olive
- Sel et poivre

Préparation

Temps total env. 3 heures 30 minutes

Lavez les pattes de lapin et séchez-les avec du papier absorbant. Relâchez les os et assaisonnez la viande avec du sel et du poivre.

Épluchez l'oignon, la gousse d'ail, les carottes et le céleri et coupez-les en petits cubes. Coupez le poireau en lanières. Faites suer le tout dans une casserole avec 1 cuillère à soupe d'huile d'olive pendant 3 minutes et laissez refroidir. Ajoutez le romarin à volonté. Placez les cuisses et les légumes dans un sac sous vide et passez l'aspirateur.

Faites cuire les pattes de lapin dans l'appareil sous vide à 65 degrés pendant 3 heures.

Laisser le bouillon du sac réduire un peu et mettre dans une sauce. Faites frire les cuisses dans l'huile d'olive restante. Disposez les légumes du sac sur les assiettes.

- *Gigot d'agneau sous vide*

Ingrédients pour 4 portions
- 1 kg de gigot d'agneau désossé
- Sel et poivre
- 1 branche de romarin
- 1 cuillère à soupe. beurre clarifié

Préparation
Temps total env. 19 heures
Salez et poivrez normalement le gigot d'agneau désossé de tous les côtés, placez un brin de romarin dans l'ouverture de l'os. Pliez la viande, placez-la dans un sac sous vide approprié et passez l'aspirateur.
Préchauffer le cuiseur sous vide à 65 ° C, insérer la viande et cuire à 65 ° C pendant 18 heures.
Après le temps de cuisson, retirer la viande du sac, tamponner et faire frire brièvement et vigoureusement dans du beurre clarifié. Garder au chaud à 65 ° C ou souder à nouveau et réchauffer à 65 ° C dans le pot sous vide si nécessaire.
La viande est juste à travers et tendre.

- *Filets de crocodile sous-vide*

Ingrédients pour 4 portions

- 500 g de Filet (filets de crocodile)
- 1 citrons
- 1 cuillère à soupe. huile de citron
- 3 cuillères à soupe huile d'olive
- 4 oignons nouveaux, coupés en fines rondelles
- ½ citron, le jus de celui-ci
- Poivre
- Le sel
- 1 branche de romarin

Préparation

Temps total env. 4 heures 30 minutes

Lavez les filets et séchez-les.

Mélangez tous les ingrédients de la marinade ensemble. Placer les filets dans les sacs et recouvrir de marinade. Coupez le citron entier en fines tranches et placez-le sur les filets.

Sceller les sacs sous-vide, si possible, réfrigérer pendant 1 à 2 heures. Cuire doucement dans une cuisinière sous vide à 80 ° C pendant 3 heures.

Sortez les filets des sacs et grattez-les grossièrement. Faites chauffer une grande poêle avec beaucoup de beurre.

Ne saisissez que brièvement à feu vif pour que les filets deviennent dorés.

Sers immédiatement.

Une sauce au citron et aux coings va bien avec cela.

- *Saumon au fromage à la crème*

Ingrédients pour 2 portions

- 250 g de saumon, congelé
- 200 g de crème fraîche
- 2 tasses de Basmati
- 4 tasse d'eau
- 1 citrons
- 1 poudre de curry

Préparation

Temps total env. 45 minutes

Lorsque le saumon est décongelé, séchez-le un peu puis assaisonnez-le. Ensuite, il vient dans des sacs sous vide sous vide.

Réglez la scelleuse sous vide avec une épaisseur de poisson d'env. 1,5 à 2 cm à 55 ° C pendant 15 minutes. Le poisson est encore vitreux et non sec par la suite, et a bon goût.

Fondamentalement, il est important avec le riz basmati qu'il soit trempé pendant environ 15 minutes, selon la quantité. Ensuite, il doit être rincé abondamment jusqu'à ce que l'eau devienne claire et ne soit plus laiteuse. Ensuite, il doit être préparé selon les instructions du fabricant. mélanger le riz basmati avec un peu de zeste de citron après la cuisson, c'était très rafraîchissant!

Mélangez simplement le fromage à la crème avec un peu de zeste de citron et de curry en poudre. Très bon goût et se marie bien avec le saumon.

- *Cuisse d'oie sous vide*

Ingrédients pour 4 portions
- 4 patte d'oie
- 2 orange
- 2 pommes
- Sel et poivre

Préparation

Temps total env. 1 jour 8 heures 40 minutes

Assaisonnez les cuisses d'oie avec du sel et du poivre. Coupez la peau des oranges et coupez-les en tranches. Lavez les pommes, coupez-les en quartiers, retirez le cœur et coupez-les en petits morceaux.

Placer les cuisses d'oie, les oranges et les pommes dans un sac sous vide et passer l'aspirateur. Mettre au réfrigérateur pendant 1 jour pour que les pattes d'oie puissent passer.

Mettez les cuisses avec les fruits dans le cuiseur sous vide et laissez-les reposer pendant 6 heures à 70 degrés. Ensuite, laissez-le infuser pendant encore 2 heures à 80 degrés.

Retirer les cuisses du sac et cuire au four jusqu'à ce qu'elles soient croustillantes au four à 200 degrés. Mettez le bouillon, les oranges et les pommes dans une sauce préfabriquée, mélangez et passez.

De plus, les boulettes de pain, le chou rouge et les châtaignes glacées ont bon goût.

- *Poitrine d'oie sous vide*

Ingrédients pour 2 portions

- ½ Poitrine d'oie, env. 300 grammes
- Sel et poivre
- Poudre de paprika, noble sucré
- Beurre clarifié
- 1 échalote
- Fonds d'oies

Préparation

Temps total env. 12 heures 20 minutes

Frottez la poitrine d'oie désossée avec les épices, passez l'aspirateur dans le sac et faites cuire au bain-marie à 65 degrés pendant 12 heures.

Ensuite, sortez la poitrine d'oie du sac. Récupérez le liquide de cuisson.

Laisser le beurre clarifié devenir très chaud dans une casserole. Rôtissez les poitrines d'oie brièvement et brusquement sur le côté de la maison, brièvement pour qu'elles ne post-cuisent pas, sortez-les et gardez-les au chaud.

Hachez finement l'échalote, faites-la revenir dans un rôti, versez le liquide de cuisson et éventuellement le bouillon d'oie, laissez bouillir un peu, puis liez avec un liant à sauce ou du beurre à votre guise.

- *Rôti de bœuf vieilli à sec, sous vide*

Ingrédients pour 4 portions
- 800 g de rosbif vieilli à sec, en un seul morceau
- Épice à volonté

Préparation

Temps total env. 7 heures 30 minutes

Nettoyez le rosbif et scellez-le dans un sac sous vide. Chauffer l'eau à 52 degrés (moyennement saignant) avec un bâton sous vide, laisser la viande dans un bain-marie pendant environ 7 heures.

Retirez le sac sous vide et ajoutez le jus de viande dans le plat d'accompagnement (si désiré).

Assaisonnez la viande et faites-la frire tout autour dans une poêle. Couper en tranches d'env. 1 cm d'épaisseur et disposer.

- *Truite saumonée sur lit de légumes*

Ingrédients pour 4 portions

- 1 grosse truite saumonée en filet sur 4 morceaux, les carcasses épargnées pour l'arrière
- 50 g de céleri, haché finement
- 50 g de carotte, hachée finement
- 50 g de poireau, haché finement
- 2 lanières Épluchez la peau d'orange, large, 2 fois avec l'éplucheur
- Persil
- Estragon
- Un peu de zeste d'orange
- 200 ml de fumet de poisson
- 60 ml de vinaigre léger, doux (vinaigre balsamique de pomme)
- 10 grains de poivre, blanc
- 4 piment de la Jamaïque
- 40 ml de vin blanc
- 60 ml de Noilly Prat
- 4 cuillères à soupe Le lait de coco, l'ingrédient solide
- 2 cm de gingembre

- 2 tiges de citronnelle, en morceaux
- 5 feuilles de lime kaffir
- 3 grosses patates douces
- 2 m. En taille Pomme de terre
- Arrière
- Sel et poivre

Préparation

Temps total env. 2 heures 50 minutes

Filetez d'abord la truite saumonée et pelez la peau. Retirez les os avec une paire de pinces à poisson et assaisonnez légèrement les filets à l'intérieur avec du sel et du poivre. Couvrir ensuite l'intérieur de persil, d'estragon et de zeste d'orange et réserver les filets.

Porter à ébullition le bouillon de poisson avec le vinaigre, le vin blanc, le Noilly Prat, le lait de coco, les épices (piment de la Jamaïque, poivre, gingembre, citronnelle, feuilles de lime kaffir) et les carcasses de poisson et les réduire d'environ 15 à 20 minutes.

Pendant ce temps, faites revenir légèrement les lanières de légumes avec le zeste d'orange dans un peu de beurre clarifié et assaisonnez de sel et de poivre.

Mettez quelques légumes dans des sacs sous vide appropriés, mettez un filet sur chacun et versez du bouillon. Ensuite, scellez les sacs avec un aspirateur.

Épluchez les patates douces et les pommes de terre, coupez-les en morceaux et faites-les cuire à la vapeur pendant environ 30 minutes. Presser ensuite dans un presse-pommes de terre et assaisonner avec un bouillon épaissi, du sel et du poivre et réserver au chaud.

Faites cuire les filets de poisson au bain-marie à 56 ° C pendant 18 minutes.

Déposer une purée de patate douce sur des assiettes préchauffées, ouvrir un sac, draper le contenu sur les miroirs et recouvrir de fumet de poisson. Décorez comme vous le souhaitez.

- *Dos et pattes de lapin avec bouillon*

Ingrédients pour 2 portions
- 1 dos de lapin ou 2 filets de lapin
- 2 pattes de lapin (cuisse de lapin)
- 4 cuillères à soupe de beurre, froid
  Pour le lac:
- 1 cuillère à café de baies de genièvre
- 1 cuillère à café de grains de poivre
- 2 branches de thym
- Le sel
  Pour le fonds:
- 1 dos de lapin, y compris les os
- 1 petit bol de soupe aux légumes
- 1 oignon
- 2 cuillères à soupe. huile
- 1 feuille de laurier
- 1 cuillère à café poivres
  Pour la sauce: (Demi-Glace)
- 1 cuillère à soupe. beurre
- 2 échalotes

- 1 cuillère à café de concentré de tomate
- 250 ml de vin rouge, plus sec
- 150 ml de vin de Porto
- 2 branches de thym
- 50 g de beurre

Préparation

Temps total env. 1 jour 9 heures 45 minutes

Placer la viande dans une saumure aromatisée pendant 24 heures. Cela signifie que la viande reste plus juteuse, conserve une bouchée agréable, est salée de manière optimale et est légèrement aromatisée.

Pesez la viande et recouvrez-la d'au moins le même poids d'eau. Ajouter 1,75% du poids total de viande et d'eau au sel et dissoudre dans l'eau. Presser sur les baies de genièvre et le poivre et ajouter à l'eau avec le thym. Si nécessaire, alourdissez avec une assiette pour garder les morceaux de viande vers le bas.

Sortez les pattes de lapin de la saumure et séchez-les. Ajouter le beurre et passer l'aspirateur sur les cuisses. Cuire sous vide pendant 8 heures à 75 ° C. Les pattes de lapin peuvent ensuite être frites dans un peu de beurre ou désossées et transformées.

Retirez les filets de dos de la saumure et séchez-les. Placer environ 30 cm de film plastique sur le plan de travail. Placez les filets les uns sur les autres dans des directions opposées. Placez l'extrémité mince sur l'extrémité épaisse et l'extrémité épaisse sur l'extrémité mince de manière à créer un brin uniforme. Pliez le film étirable et tordez les extrémités de manière à créer un rouleau uniforme. Les filets doivent être bien pressés ensemble pour qu'ils tiennent ensemble après la cuisson. Fixez les extrémités du rouleau avec du fil, placez le rouleau dans un sac sous vide et passez l'aspirateur. Cuire sous vide pendant 45 minutes à 58 ° C. La roulade de filet de dos peut être coupée et servie joliment après la cuisson. Il n'est pas nécessaire de brûler.

Préchauffez le four à 220 ° C pour l'arrière. Hachez les os en morceaux. Nettoyez les légumes de la soupe, à l'exception du persil, et hachez-les grossièrement. Coupez l'oignon en quartiers. Mélanger les légumes et l'huile et rôtir au four pendant env. 30 à 45 minutes jusqu'à ce que vous obteniez un beau bronzage. Mélangez peut-être bien après la moitié du temps. Mettez les légumes et les os dans une grande casserole. Retirez les résidus de rôti de la plaque avec un peu d'eau et ajoutez-les. Ajouter la feuille de laurier, les grains de poivre et le persil. Remplissez avec env. 2 l d'eau, porter à ébullition et laisser mijoter pendant 1,5 à 2 heures. Le temps de cuisson peut être réduit en conséquence dans l'autocuiseur. Filtrer le bouillon et bien presser les légumes et les os. Il devrait rester environ 1 litre.

Pour le Demi-Glace, couper les échalotes en dés et les faire braiser jusqu'à ce qu'elles soient translucides avec un peu de beurre. Ajouter la pâte de tomate et faire rôtir quelques minutes. Ajoutez progressivement le vin et le porto et laissez bouillir presque complètement. Ajouter le bouillon de lapin et le thym et laisser bouillir lentement jusqu'à ce que la sauce devienne crémeuse. Si elle doit être servie immédiatement, nouez-la avec du beurre glacé. Si vous préférez lier avec de la farine, vous pouvez faire dorer le beurre dans une casserole séparée jusqu'à ce qu'il sent la noisette, ajouter 1 cuillère à soupe de farine et faire griller brièvement. Faites attention de ne pas brûler le beurre. Compléter avec la sauce et remuer constamment pour éviter la formation de grumeaux. La sauce liée peut être bien réchauffée.

- *Salade grecque sous vide*

Ingrédients pour 2 portions

- 1 concombre
- 2 cuillères à café de vinaigre balsamique, blanc
- 3 cuillères à café de sucre
- 2 tiges d'aneth
- 1 grosses tomates
- 200 g de fromage feta
- ½ oignon, rouge
- 6 olives
- Huile d'olive, bonne

Préparation

Temps total env. 1 jour 15 minutes

Épluchez le concombre et coupez-le en trois parties. Passez l'aspirateur sur les morceaux de concombre avec le vinaigre balsamique, le sucre et l'aneth. Laisser reposer au réfrigérateur pendant 24 heures.

Le lendemain, coupez le concombre en lanières appropriées et placez-le au milieu de l'assiette. Coupez le fromage de brebis de la même taille et placez-le sur le concombre. Ensuite, coupez la tomate en tranches et mettez le fromage de brebis. Saupoudrez un peu de poivre sur la tomate. Enfin, placez l'oignon en fines lanières sur la tourelle. Garnir avec les olives et verser de l'huile d'olive sur la salade au goût.

En passant l'aspirateur, le concombre obtient un goût beaucoup plus intense. Le temps en vaut la peine.

- *Boeuf sous vide style picanha*

Ingrédients pour 4 portions

- 1,2 kg de bœuf
- 3 cuillères à soupe huile d'olive
- 3 branches de romarin
- 1 beurre clarifié
- Sel et poivre

Préparation

Temps total env. 1 jour 1 heure

Dans la mesure du possible, le filet bouilli doit encore avoir la couche de graisse de 0,5 à 1 cm d'épaisseur, comme avec un picanha brésilien. Ceci est coupé en forme de diamant sans couper dans la viande.

Placer la viande avec l'huile d'olive et les aiguilles de romarin dénudées dans un sac sous vide, mettre sous vide et sceller. N'ajoutez pas de sel. Chauffer dans le thermoplongeur à 56 degrés pendant 24 heures. Retirez la viande après le temps de cuisson, récupérez une partie de la sauce qui s'est formée. Cela peut être ajouté à une sauce au vin rouge préparée, par exemple.

Saisir la viande dans du beurre clarifié de tous les côtés, assaisonner de poivre et de sel. Couper en env. Tranches de 1 cm d'épaisseur dans le sens des fibres. L'intérieur de la viande est rose (moyen).

Il y a, par exemple, des haricots de bacon, des chanterelles et des croquettes ou des gratins de pommes de terre

- *Porc effiloché sous vide à l'asie*

Ingrédients pour 3 portions
- 1½ kg de cou de porc sans os
- 2½ cuillères à café de poudre aux cinq épices
- ¼ tasse de sauce hoisin
- 3 cuillères à soupe sauce soja
- 3 cuillères à soupe mon chéri
- 2 cuillères à soupe. Vin de riz (vin de riz Shaoxing)
- 2 cuillères à soupe. Gingembre, plus frais, râpé
- 2 cuillères à soupe. Ail, pressé
- 1 citron, pelez-le

Préparation
Temps total env. 20 heures 35 minutes
Vous avez besoin d'une cuisinière sous vide, d'un aspirateur et d'un sac sous vide. Je suppose que vous pouvez utiliser un sac de congélation très dense, mais je ne ferais pas vraiment confiance à la densité.

Si vous avez le cou de porc avec des os, vous devez soit le retirer, soit mettre deux sacs l'un sur l'autre pour la cuisson sous vide afin que l'os ne fasse pas de trou dans le sac et que de l'eau y pénètre.

Laissez le cou de porc entier ou coupez-le en cubes rugueux. L'avantage de la découpe précédente est que la longueur des fibres de viande est déjà déterminée.

Mélanger les ingrédients restants pour la sauce marinade ensemble.

Maintenant, coupez un sac dans une taille suffisamment grande pour la cuisson sous vide et soyez généreux. Soudez déjà un joint avec la scelleuse sous vide et mettez la viande dans l'ouverture du sac.

Versez la sauce et passez l'aspirateur dans le sac - en faisant attention de ne pas retirer la sauce.

Mettez suffisamment d'eau dans le cuiseur sous vide à 70 ° C. Lorsque la température est atteinte, placez le sac de manière à ce qu'il soit complètement immergé. Astuce: j'ajoute toujours de l'eau chaude pour gagner du temps. Laissez la viande au bain-marie pendant 20 à 24 heures.

En attendant, assurez-vous de vérifier s'il y a encore suffisamment de liquide et, surtout, si le sac flotte sur la viande en raison du développement de la vapeur. Si c'est le cas, vous devez vous plaindre et appuyer sous la surface. Des couverts, des pinces, etc. peuvent être utilisés pour cela - rien, s'il vous plaît, qui éloigne l'eau de la viande, comme les assiettes et autres.

Facultatif: Pour une croûte légère, préchauffez le four à la température maximale et faites griller ou chauffer par le haut.

Après la cuisson, retirez le sac, coupez un petit coin et versez le liquide qui fuit dans une casserole. Retirez la viande du sac. Maintenant, il est théoriquement terminé et peut être récupéré.

Ou pour une croûte légère, séchez la viande à l'extérieur. Placer dans un grand plat allant au four et griller au four jusqu'à formation d'une croûte légère. Puis déchiquetez la viande dans un grand bol. Cela devrait être très simple. Ajoutez maintenant le zeste du citron.

Essayez la viande: si elle est trop sèche, ajoutez un peu de liquide. Sinon, faites doucement bouillir le liquide qui a fui sur la cuisinière.

Pour ce faire, vous devez utiliser une spatule en silicone résistant à la chaleur pour remuer constamment et déplacer la sauce au fond du pot, car le liquide contient du miel et de la sauce hoisin - les deux ont tendance à brûler.

Lorsque la consistance désirée est obtenue, la sauce peut être ajoutée à la viande et mélangée ou servie séparément. Je les mélange habituellement. Le mélange peut également être bien assoupli avec un peu d'eau.

Ce "Porc Effiloché" à l'asiatique est assez sucré et peut désormais être consommé de toutes les manières: sur des burgers, en wraps, tacos, etc.

La viande est particulièrement bonne avec quelque chose de croustillant, ainsi qu'avec un peu d'acide, comme quelque chose d'incrusté. Par exemple, je prends quelques tranches de concombre qui ont été brièvement trempées dans un mélange vinaigre-eau-sucre-sel, ou des oignons rouges qui ont été tranchés avec une pincée de sel et de sucre, et du vinaigre léger avec une fourchette, ou une salade de chou classique . Je trouve aussi le maïs et les oignons de printemps très bons.

La congélation fonctionne facilement juste après la cuisson sous vide. Refroidissez rapidement, remettez l'aspirateur et congelez tout en restant dans le sac dans le bain de glace.

Utiliser dans les 4 semaines environ.

Pour ce faire, décongelez doucement la viande au réfrigérateur pendant 2 jours, puis placez-la sous le gril ou faites-la frire tout autour dans la poêle. Cela ne fonctionne que si la viande est froide et donc plus ferme que celle provenant directement du cuiseur sous vide. Ensuite, ramassez-les et, si nécessaire, ramenez-les à pleine température au micro-ondes ou dans une casserole.

Le montant est pour 4 personnes - à partir de 1,5 kg après cuisson sous vide env. 1,1 kg - est généreusement calculé et varie en fonction de l'objectif.

- **Œuf sous vide**

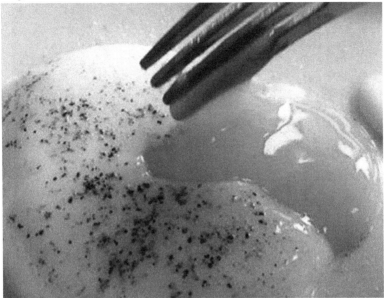

Ingrédients pour 1 portions
- 1 œuf, taille L
- 1 pincée de sel et de poivre

Préparation

J'ai mis le stick sous vide à 62 ° C. Ensuite, placez l'œuf ou les œufs dans un bain-marie pendant 45 minutes.

À la température que j'ai réglée, le jaune d'œuf est encore très fluide - c'est pourquoi il peut également être utilisé comme garniture pour les pâtes ou autres plats. Le jaune d'oeuf est plus ferme à env. 68 ° C et ne coule pas sur toute la plaque. Après la cuisson, éteignez l'œuf sous l'eau froide, fouettez avec un couteau et mettez-le dans l'assiette. Affinez avec du sel, du poivre et d'autres épices à votre guise.

- **Jarret de porc sous vide**

Ingrédients pour 1 portions

- 1 jarret de porc ou jarret de porc
- Épice à volonté

Préparation

Temps total env. 1 jour 5 heures 20 minutes

Le jarret de porc frais et non séché, également connu ailleurs sous le nom de jarret de porc ou en Autriche sous le nom d'échasses, est lavé, séché et placé dans un sac sous vide. Ceci est suivi d'épices à volonté. J'aime utiliser un mélange d'épices pour gril composé de poivrons (épicés et sucrés), de poivre, d'ail, de sel et d'un peu de sucre. Ensuite, l'air est extrait autant que possible et le sac est scellé hermétiquement. J'utilise un appareil à vide pour cela (il devrait également être possible d'éliminer l'air d'une autre manière et de sceller le sac en toute sécurité. Je n'ai aucune expérience avec cela.) Maintenant, le sac passe dans un bain-marie pendant 28 heures à 70 degrés Celsius.

Après le bain, la tige est retirée de la poche et la peau de la tige est coupée en forme de diamant. Le jarret est placé dans une casserole et versé avec le liquide du sac. Maintenant, la croûte est croustillante frite au four à 160 degrés Celsius en environ 45 minutes et un jarret tendre mais croustillant est terminé.

- *Gigot d'agneau sous vide*

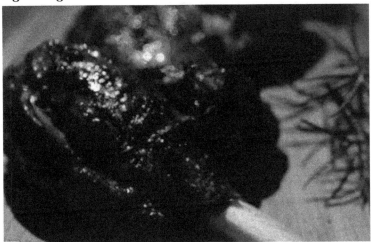

Ingrédients pour 6 portions

- 1 gigot d'agneau, env. 1,5 à 2 kg
- 3 branche de thym
- 2 romarin
- 1 morceau de beurre
- 2 cuillères à café d'ail en poudre

Préparation

Temps total env. 20 heures 40 minutes

Parez le gigot d'agneau, frottez avec de l'ail en poudre, du sel et du poivre et mettez-le dans un sac. Ajoutez 2 à 3 brins de thym et de romarin (de préférence un peu plus de thym et un peu moins de romarin) et une bonne piqûre de beurre. Passez l'aspirateur dans le sac et placez-le dans le bain-marie préchauffé à 57 ° C. Retirer après 20 heures de cuisson, retirer les herbes et éponger. Placez maintenant le gigot d'agneau sur le gril (ou le four) préchauffé à 300 ° C avec chaleur indirecte et faites griller pendant env. 8 à 10 minutes.

- *Légumes au paprika sous vide*

]
Ingrédients pour 4 portions

- 3 poivrons rouges, jaunes, verts
- 1 branche de romarin
- 20 g de beurre
- Sel et poivre

Préparation

Temps total env. 1 heure 15 minutes

Épluchez les poivrons avec un éplucheur et coupez-les en petits morceaux. Remplissez avec le romarin et le beurre dans un sac sous vide et aspirez.

Placer dans l'appareil sous vide à 90 ° C pendant env. 60 à 90 minutes. Retirer ensuite du sac et assaisonner de sel et de poivre. L'arôme complet des poivrons est conservé.

Convient comme accompagnement savoureux de toutes sortes de plats.

- *Fenouil au safran sous vide*

Ingrédients pour 4 portions

- 2 fenouil
- 1 g de safran
- 100 ml de bouillon de volaille
- 20 ml d'huile d'olive
- 3 g de sel

Préparation

Temps total env. 3 heures 20 minutes

Coupez le fenouil dans le sens de la longueur en tranches d'environ 6 mm d'épaisseur. Là où les feuilles s'accrochent à travers la tige, il en résulte des tranches.

Les tiges et les parties extérieures peuvent être bien utilisées pour une soupe à la crème de fenouil.

Passez l'aspirateur sur les tranches avec les autres ingrédients dans un sac sous vide. Cuire au bain-marie à 85 ° C pendant 3 heures.

Retirer des sacs et réduire le bouillon de cuisson à env. 1/3 du montant.

Un plat d'accompagnement merveilleux et efficace, par exemple avec des plats de viande et de poisson.

- *Rôti de boeuf avec croûte de noix*

Ingrédients pour 4 portions

- 1 kg de rosbif
- 150 g de noix, hachées
- 1½ cuillère à soupe beurre
- 50 g de parmesan, tranché finement
- 4 cuillères à soupe Herbes, hachées, méditerranéennes
- Sel et poivre

Préparation

Temps total env. 5 heures 30 minutes

Assaisonnez d'abord le rosbif avec du sel et du poivre. Puis souder sous vide. Faites cuire le rosbif à 63 ° C en utilisant la méthode sous vide pendant environ 4 à 5 heures.

En attendant, créez une croûte à partir des noix, du beurre, du parmesan, des herbes, du sel et du poivre. Il est préférable de mettre tous les ingrédients mélangés dans un sac de congélation. En cela, vous roulez les ingrédients à plat à la taille requise. Ensuite, la croûte passe au réfrigérateur. Plus tard, vous pouvez couper la croûte à la bonne taille avec un couteau bien aiguisé avec du papier d'aluminium. Retirez le papier d'aluminium et répartissez-le exactement sur la viande.

Préchauffer le four à 220 ° C en fonction grill 20 minutes avant de servir et à la fin de la cuisson.

Faites frire le rosbif dans une poêle très chaude avec peu de gras de chaque côté pendant un temps très court (30 secondes).

Retirez le rosbif de la poêle et placez-le dans un plat allant au four. Maintenant, mettez la croûte sur la viande. Mettez au four et ne retirez la viande que lorsque la croûte est bien dorée. Cependant, cela ne prend pas longtemps, au plus 5 minutes.

Vous pouvez maintenant déguster un rosbif rose parfait avec une croûte. B. avec légumes de poireaux et spaetzle.

- *Filet de boeuf, sans saisir*

Ingrédients pour 2 portions
- 400 g de filet de bœuf (pièce centrale)
- 1 cuillère à soupe. Sauce worcester
- ½ cuillère à café de Pimentón de la Vera, doux
- 1 cuillère à café de paprika en poudre, épicé
- 1 cuillère à café de sucre de canne brut
- 1 cuillère à café de ciboulette entassée, dr.

Préparation

Temps total env. 15 heures 10 minutes

Placez le filet dans un sac sous vide. Mélangez tous les autres ingrédients et ajoutez-les au sac. Frottez le filet avec les ingrédients dans le sac. Ensuite, passez l'aspirateur. Il est préférable de laisser mariner le filet pendant une nuit.

Retirer le filet du réfrigérateur 2 heures avant la cuisson. Préchauffer un four adapté sous vide à 55 ° C. Mettre le filet au four pendant 3 heures.

Sortez du sac, coupez-le et servez aussitôt.

- *Pavé de thon aux épinards à la noix de coco*

Ingrédients pour 2 portions

- ·2 steaks de thon de 250 g chacun
- 250 g d'épinards en feuilles
- 1 petit morceau de gingembre, environ 2 cm
- 1 cuillère à soupe. huile d'olive
- 3 cuillères à soupe huile de sésame
- 1 échalote
- 1 cuillère à soupe de graines de sésame entassées, grillées
- 100 ml de lait de coco
- 1 orteil d'ail
- Sel et poivre

Préparation

Temps total env. 55 minutes

Laisser les épinards décongeler et bien les presser. Épluchez et râpez le gingembre. Épluchez l'échalote et l'ail et coupez-les en petits cubes.

Faites chauffer l'huile d'olive et faites revenir l'échalote et l'ail. Ajouter les épinards et faire braiser 10 minutes. Mélanger le lait de coco, l'huile de sésame et les graines de sésame torréfiées ensemble. Pressez le gingembre râpé et ajoutez le tout aux épinards. Assaisonnez avec du sel et du poivre.

Cuire les steaks de thon sous vide dans le bain sous vide pendant 40 minutes à 44 degrés Celsius.

Lorsque tout est prêt, déballez les steaks de thon, séchez-les et faites-les saisir 30 secondes de chaque côté. Assaisonnez avec du sel et du poivre.

- *Magret de canard à l'orange*

Ingrédients pour 2 portions
- 2 poitrines de canard désossées
- 1 orange
- 10 grains de poivre
- 2 branches de romarin
- 20 g de beurre
- 20 g de beurre clarifié
- 1 cuillère à soupe. sauce soja
- 1 cuillère à soupe. vinaigre de vin blanc
- 1 cuillère à soupe. mon chéri
- 100 ml de vin rouge
  Beurre pour la friture
  Sel et poivre

Préparation

Temps total env. 2 heures 45 minutes

Lavez les magrets de canard, séchez-les et passez-les sous l'aspirateur avec les filets d'orange, les grains de poivre, le romarin et le beurre. Placer dans un appareil sous vide à 66 degrés pendant 90 minutes.

Puis sortez du sac. Collectez et conservez le liquide et les autres contenus. Retirez les grains de poivre. Coupez la peau des magrets de canard en forme de losange. Faites frire sur le côté de la peau jusqu'à ce qu'elle soit brune et croustillante. Sortez les magrets de canard de la poêle et gardez-les au chaud.

Mettez l'orange, le romarin et le bouillon du sac dans la casserole. Ajouter la sauce soja, le vinaigre de vin blanc, le miel et le vin rouge et laisser mijoter. Assembler avec du beurre froid si nécessaire. Sel et poivre.

Accompagner de pommes de terre duchesse et de légumes croquants.

- *Selle d'agneau gratinée aux pommes de terre*

Ingrédients pour 3 portions
- 3 Selle d'agneau, libérée (agneau saumon)
- 500 g de pomme de terre
- 3 romarin
- 1 tasse de crème, env. 200 grammes
- 3 Chili
- 1 oeuf
- Thym
- ⅛ Litre de lait
- 3 orteils d'ail
- Sel et poivre
- Huile d'olive

Préparation

Temps total env. 1 heure 15 minutes

Passez d'abord sous vide chaque carré d'agneau avec 1 gousse d'ail, 1 brin de romarin, un peu de thym et un peu d'huile d'olive. Cuire environ 60 min à 54 ° C sous vide.

Pendant ce temps, épluchez les pommes de terre, coupez-les en fines tranches et placez-les dans un plat allant au four.

Fouetter la crème, le lait et l'œuf et assaisonner de sel et de poivre. J'aime manger épicé et j'ai ajouté 3 petits piments. Versez le liquide sur les pommes de terre, étalez le fromage sur le dessus et poussez le moule dans le four pendant env. 45 min à 200 ° C

Dès que la viande est prête, libérez-la du vide et saisissez-la tout autour.

Sers juste.

- **Carré d'agneau**

Ingrédients pour 4 portions

- 2 Carré d'Agneau (Couronne d'Agneau)
- 8 Branche de thym
- 2 orteils d'ail
- Huile d'olive
- Sel et poivre

Préparation

Sortez les couronnes d'agneau du réfrigérateur, parez et portez à température ambiante.

Placez ensuite une couronne dans un sac sous vide et assaisonnez avec de l'huile d'olive, du sel et du poivre et ajoutez 3 brins de thym. Ensuite, passez l'aspirateur.

Si vous n'avez pas d'aspirateur, vous pouvez également utiliser l'astuce suivante: Remplir

un bol avec de l'eau froide. Placez la viande dans un sac de congélation normal et conservez-la sous l'eau jusqu'à ce qu'aucune eau ne puisse pénétrer dans l'ouverture. Puis scellez avec un clip sous l'eau - c'est fait.

Ensuite, placez l'agneau aspiré dans un bain-marie et laissez infuser pendant environ 25 minutes à 58 degrés.

Sortez l'agneau du sac. Braiser les brins de thym restants et l'ail grossièrement haché et écrasé dans une poêle avec de l'huile d'olive. Ajouter ensuite l'agneau à la poêle en un seul morceau et faire revenir brièvement tout autour pour obtenir des arômes de torréfaction.

Puis servez.

● Rouler le rôti dans le filet de bacon

Ingrédients pour 10 portions

- 4 kg de longe de porc
- Paquet de 2 fromage à la crème (couronne de fromage à la crème)
- Poivre
- 2 oignons
- 6 cuillères à soupe Frotter (frotter au paprika) ou épices de votre choix
- 500 g de bacon, tranché, le plus épais
- 200 g de fromage cheddar, en un seul morceau
- 250 g de bœuf haché
- 250 ml de sauce barbecue

Préparation

Temps total env. 2 jours 1 heure 30 minutes

Vous aurez besoin de ficelle de cuisine pour le liage, d'une cuisinière sous vide et d'une scelleuse sous vide avec une feuille de scellage.

Coupez le saumon de porc avec une coupe papillon pour créer une belle tranche de viande large et plate (faire un pas de plus irait au-delà de la portée. Il existe de nombreuses vidéos sur Internet, où cela est très bien décrit. Ce n'est vraiment pas le cas. science des fusées). Si nécessaire, tapotez à nouveau avec l'attendrisseur à viande ou une casserole comme un schnitzel.

En attendant, coupez les oignons en lanières ou en rondelles et mettez-les dans un bol. Ajoutez deux cuillères à soupe du mélange d'épices et pétrissez bien jusqu'à ce que les oignons perdent leur structure rigide. Étalez le mélange restant sur la surface de la viande. Étalez tout le fromage à la crème sur la surface de la viande et lissez. Retirer environ 18 bandes de bacon de l'emballage et les étaler côte à côte sur le fromage à la crème. Répartissez les oignons assaisonnés sur toute la surface. Coupez env. Des lanières allongées de 2,5 à 3 cm de large du bloc de fromage. Placez-le sur l'un des deux côtés les plus longs sur le bord de la surface de la viande. Rouler la surface de la viande à partir du fromage cheddar en saucisse de manière serrée et avec un peu de pression. Attachez le rôti à environ 4 endroits avec de la ficelle de cuisine pour qu'il ne se défasse pas.

Placez le rôti dans le sac de scellage et passez l'aspirateur. Cuire environ 24 heures dans un bain sous vide à 60 ° C.

Le lendemain, déposez un filet de bacon sur le reste du bacon (mon conseil avec la vidéo sur Internet s'applique également ici). Roulez-y le rôti. Scellez les extrémités avec la viande hachée assaisonnée de frottement afin que le fromage fondu ne puisse pas s'épuiser. Badigeonner de sauce barbecue.

Faire frire au four préchauffé à 150 ° C sur la grille du rail central. Il est conseillé de glisser une plaque à pâtisserie sous la grille pour récupérer la sauce et la graisse qui coulent. Après environ 30 minutes, glacer à nouveau le rôti. Après 30 minutes supplémentaires, la sauce est séchée pour obtenir une finition brillante et le rôti est prêt.

La dernière étape peut également être réalisée avec une chaleur indirecte sur le gril à charbon ou à gaz. Je l'ai fait moi-même et j'ai fumé le rôti entre-temps. Cependant, la variante avec le four est presque aussi savoureuse.

● Poitrine de poulet à la moutarde aux herbes

Ingrédients pour 4 portions
Pour la viande:
- 2 grosses poitrines de poulet sans peau
- 1 gousse d'ail
- 1 romarin
- 3 feuilles de laurier
- 25 g de beurre
- Sel de mer et poivre
Pour la sauce:
- 25 g de beurre
- 1 petit oignon
- 1 petite gousse d'ail
- 2 cuillères à soupe. Farine
- 50 ml de vin blanc, plus sec
- 250 ml de bouillon de poulet
- 5 fils de safran
- 200 ml de crème
- Herbes, mélangées, de votre choix

- 1 cuillère à café de moutarde
- Amidon alimentaire
- Du sucre
- Jus de citron
- Sel et poivre
- 2 disques Gouda, moyen âge

Préparation

Temps total env. 1 heure 23 minutes

Préchauffer le bain sous vide à 65 ° C.

Couper les poitrines de poulet en deux dans le sens de la longueur pour créer deux petites escalopes. Salez, poivrez et mettez dans un sac sous vide. Peler et trancher l'ail. Tartiner avec le romarin, les feuilles de laurier et le beurre sur la viande. Passez l'aspirateur sur tout et 30 min. Faites cuire au bain-marie.

Faire fondre le beurre et braiser les oignons et l'ail finement hachés jusqu'à ce qu'ils soient translucides. Saupoudrer de farine et déglacer avec le vin blanc et le bouillon. Ajouter le safran et le tout environ 15 min. laisser mijoter à feu doux. Retirez la viande du bain sous vide et du sac et placez-la dans un plat allant au four.

Ajouter la crème, les herbes et la moutarde à la sauce. Versez le bouillon du sac à travers une passoire à cheveux fins dans la sauce, si nécessaire, nouez avec de l'amidon et assaisonnez avec du sel, du poivre, du sucre et du jus de citron. Si vous le souhaitez, vous ne pouvez ajouter les herbes qu'à la toute fin et réduire brièvement la sauce au préalable.

Versez un peu de sauce sur la viande, elle ne doit pas être complètement recouverte et recouverte d'une demi-tranche de fromage pendant environ 7 à 8 min. cuire à feu vif.

Servez le reste de la sauce en plus.

Il accompagne bien le riz et la salade, mais aussi les pommes de terre ou les pâtes.

● **Agneau sous vide - sans saisir**

Ingrédients pour 4 portions
- 4 hanches d'agneau de 180 g chacune
- 3 cuillères à soupe tas d'herbes de Provence
- 2 cuillères à soupe. huile d'olive

Préparation
Temps total env. 2 heures 10 minutes
Préchauffer un four adapté sous vide à 54 ° C.
Tournez d'abord les hanches d'agneau dans les herbes, puis mettez l'huile dans un sac adapté au sous vide et à l'aspirateur. La viande doit être à température ambiante.
Laissez cuire au bain-marie pendant 2 heures.
Astuce: un plaisir même lorsqu'il fait froid.

Pulpo au beurre de chorizo

Ingrédients pour 4 portions
- 400 g de poulpe, (Pulpo), prêt à cuire
- 1 gousse d'ail, en grosses tranches
- 1 feuille de laurier
- 50 ml de vin rouge, sec
- 2 cuillères à soupe. huile d'olive
- 1 gros poivron rouge
- 200 g de tomates cerises coupées en deux
- 100 g de beurre
- 100 g de chorizo, en fines tranches
- 1 gousse d'ail, coupée en petits dés
- Sel fumé
- Poudre de chili
- Sel de mer
- Huile

Préparation

Temps total env. 2 heures 20 minutes

Faites rôtir les poivrons dans un four chauffé à 200 ° C jusqu'à ce que la peau devienne noire et facile à enlever. Couper grossièrement les poivrons pelés et dénoyautés et mettre le four à 150 ° C. Couper les tomates cerises en deux, placer la surface coupée sur une plaque à pâtisserie bien huilée, saupoudrer de sel marin et mettre au four.

Passer l'aspirateur sur le pulpo avec les tranches d'ail, le laurier, le vin rouge et l'huile d'olive et placer dans un bain-marie chauffé à 72 ° C (bain sous vide). Le pulpo et les tomates prennent environ 1,5 heure.

Peu avant la fin de la cuisson, faites fondre le beurre dans une casserole pas trop chaude et faites légèrement griller les tranches de chorizo et les cubes d'ail. Ajouter la poudre de paprika, les cubes de paprika et les tomates cerises, mélanger soigneusement et assaisonner avec du sel fumé et de la poudre de piment, puis retirer du feu.

Retirez le pulpo de l'infusion, séchez-le, coupez-le en tranches d'environ 5 mm d'épaisseur et ajoutez-le au beurre de chorizo.

Pour s'adapter: baguette fraîche, pommes de terre au romarin, raviolis farcis de bacon et ricotta.

Étant donné qu'un pulpo pèse généralement bien plus de 400 g, plusieurs portions peuvent être cuites dans le bain sous vide en même temps, refroidies dans de l'eau glacée pendant au moins 10 minutes, puis rapidement congelées. Si nécessaire, régénérer dans un bain chaud à 70 ° C.

● Caille aux épinards

Ingrédients pour 1 portions
- 1 caille
- 1 filet de poitrine de poulet
- 50 g d'épinards, blanchis
- 150 ml de crème
- 100 g de choucroute
- 20 g de carottes, coupées en petits dés
- 20 g de sucre
- 10 g Raifort, frais
- 4 petites pommes de terre, cuire farineuses, déjà cuites
- Herbes au goût
- Sel et poivre
- Beurre clarifié

Préparation

Temps total env. 2 heures

Couper la poitrine de poulet en morceaux et la réduire en purée avec les épinards. Assaisonnez la farce de sel et de poivre.

Détachez la viande de caille de l'os et salez-la légèrement. Répartir les poitrines sur une pellicule sous vide. Étalez la farce aux épinards et recouvrez le tout avec les cuisses de caille. Enveloppez dans le film et formez un rouleau. Maintenant, passez l'aspirateur sur le rouleau et placez-le dans un bain-marie à 58 ° C. Laissez infuser environ 1 heure.

Pendant ce temps, réchauffez la choucroute fraîche avec la crème, ajoutez les carottes blanchies et coupées en cubes, les pois mange-tout et les pommes de terre bouillies. Porter le tout à ébullition brièvement puis assaisonner avec du raifort.

Retirez le papier d'aluminium du rouleau de caille. Faites frire brièvement le rouleau avec les herbes tout autour.

Couper en tranches et servir.

● Poitrine de dinde coupée en poivron

Ingrédients pour 4 portions
- 1 kg de poitrine de dinde
- 6 cuillères à soupe steak au poivre
- 2 cuillères à soupe. sucre de canne brut

Préparation

Temps total env. 6 heures

Mélangez le steak poivré et le sucre brut. Retourner la poitrine de dinde dans le mélange et bien presser. Passez l'aspirateur sur tout dans un seul sac. Préchauffez l'appareil sous-vide à 80 degrés. Placez le sac dans le bain-marie pendant env. 4 heures.

Sortez et laissez refroidir dans le sac. Lorsque la poitrine de dinde est froide, séchez-la, coupez-la en fines tranches (charcuterie).

Se marie bien avec les asperges.

Saumon aux câpres sur une salade

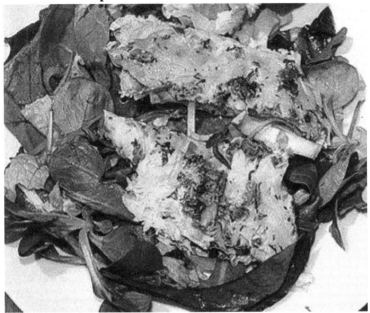

Ingrédients pour 2 portions
- 300 g de filet de saumon sans peau
- 2 cuillères à soupe. câpres
- ½ botte d'aneth
- 1 sac de laitue, mélangé
- 1 m Oignon, rouge
- 2 cuillères à soupe. Balsamique, foncé
- 1 cuillère à soupe. sauce poisson
- 1 cuillère à soupe. Huile d'olive
- 1 cuillère à café de poivre

Préparation

Temps total env. 50 minutes

Hacher finement 1 c. les câpres et l'aneth. Frottez le saumon avec ce mélange. Mettez le saumon dans un sac sous vide et au bain-marie à 55 degrés pendant 35 min. fermenter.

Coupez les oignons en fines rondelles et hachez les câpres restantes, puis mélangez avec le vinaigre balsamique, la sauce de poisson, l'huile d'olive et le poivre.

Sortez le saumon du sac et divisez-le en gros morceaux. Mélangez la salade avec la sauce et déposez dessus le saumon tiède.

● Poitrine de canard

Ingrédients pour 2 portions
- 2 Filets de magret de canard avec la peau
- 50 g de carottes, coupées en petits dés
- 50 g de racine de persil, coupée en petits dés
- 50 g d'échalote, coupée en petits dés
- 50 g de pomme, coupée en petits dés
- 50 g de pruneaux, coupés en petits dés
- 1 pointe d'ail, coupée en petits dés
- 20 g de gingembre, coupé en petits dés
- 100 ml de bouillon ou de bouillon de légumes, non salé
- 50 ml de sauce soja, noire, brassée naturellement
- 3 cuillères à soupe jus de citron
- 1 cuillère à café de paprika en poudre, noble sucré
- ½ cuillère à café de poivre, blanc, finement moulu

- Graisse de canard
- Le sel

Préparation

Temps total env. 2 heures 35 minutes

Faites frire tous les petits ingrédients coupés en dés dans une casserole graissée en remuant plusieurs fois. Un ensemble de torréfaction léger peut se former. Déglacer avec le bouillon, la sauce soja et le jus de citron et desserrer avec une cuillère en bois. Incorporer les poivrons et le poivre. Maintenant, laissez mijoter légèrement la sauce pendant environ 10 minutes. Mélangez ensuite avec un mixeur plongeant et laissez refroidir légèrement.

Rincer les filets de magret de canard, les sécher avec du papier essuie-tout et couper la peau en forme de losange avec un couteau bien aiguisé. Assurez-vous de ne pas couper la viande. Remplissez les filets de sauce refroidie dans un sac sous vide et sous vide.

Maintenant, remplissez une casserole en fonte d'eau, placez-y un thermomètre et chauffez l'eau à 62 ° C sur le champ d'induction. Lorsque la température est atteinte, insérez le sac scellé et fermez le pot. Il est maintenant important de surveiller la température de l'eau pendant 120 min. Ce n'est pas un problème pour la cuisinière à induction de maintenir la température stable.

Au bout de 2 heures retirez le sac, séchez un peu la viande, mettez la sauce dans une casserole et réservez au chaud. Faites frire la viande dans une poêle bien chaude et graissée côté peau pendant 1 min. Et côté viande pendant 30 à 45 secondes.

Arrangez avec la sauce et servez avec du riz, des pâtes ou toutes sortes de pommes de terre.

- **Œuf d'onsen au four sur épinards**

Ingrédients pour 2 portions
- 4 oeufs, meilleure qualité
- 80 g d'épinards, surgelés
- 10 g d'oignon, coupé en petits dés
- 20 g de carotte
- 50 g de crabe de la mer du Nord
- 40 g de fromage à la crème
- 50 g de beurre
- 50 g de Panko
- Sel et poivre
- Noix de muscade
- Jus de citron

Préparation

Temps total env. 1 heure 10 minutes

Un œuf onsen est un œuf cuit dans des sources chaudes japonaises, les soi-disant onsen, à des températures comprises entre 60 et 70 ° C.En conséquence, le jaune d'œuf cuit, mais pas le blanc d'œuf - car cela prend au moins 72 ° C

Réglez l'appareil sous vide à 63 ° C, et lorsque la température est atteinte, faites cuire les œufs au bain-marie pendant 60 minutes à 63 ° C.

En attendant, coupez finement les oignons et les carottes en dés, vous pouvez ajouter d'autres légumes comme des poivrons ou des champignons, ajouter les épinards et cuire. Assaisonnez bien avec du sel, du poivre et de la muscade.

Mélangez les crabes avec le fromage à la crème. Réajuster éventuellement la consistance avec un petit filet de jus de citron, si nécessaire assaisonner avec du sel et du poivre - selon le goût.

Sortez les œufs de la coquille, essuyez soigneusement l'excédent de blanc d'œuf avec votre doigt. Laissez le beurre dans la poêle. Rouler le jaune d'œuf dans le panko et faire frire brièvement jusqu'à ce qu'il soit doré des deux côtés.

● Rouleaux de poulet avec chapelure

Ingrédients pour 4 portions
- 4 poitrines ou cuisses de poulet
- 250 g petit pain
- 1 oeuf
- 100 ml de lait
- Sel et poivre
- Herbes, mélangées

Préparation

Temps total env. 3 heures 30 minutes

Déclenchez les poitrines ou les cuisses de poulet et laissez la peau aussi entière que possible.

Faites des boulettes de pain avec des cubes de pain, des œufs, du lait et des épices. Mélangez le tout et laissez infuser.

Placer la viande à plat sur du film plastique, assaisonner et garnir de la boulette. Former un rouleau, mettre sur la peau et envelopper avec un film alimentaire.

Passer l'aspirateur et cuire au bain-marie à 68 ° C pendant environ 3 heures.

Retirer du papier d'aluminium et faire frire brièvement dans le four préchauffé à 220 ° ou à la flamme avec le brûleur à gaz.

Coupez et servez.

Aussi froid ou chaud en entrée ou avec des buffets.

- **Buta no kakuni**

Ingrédients pour 6 portions
- 1 kg de poitrine de porc désossée
- 100 ml de sauce soja
- 100 ml de Mirin
- 100 ml de saké
- 2 cuillères à soupe. sauce poisson
- 3 cuillères à soupe du sucre
- 3 orteils d'ail
- 6 cm de racine de gingembre
- 3 oignons de printemps

Préparation

Temps total env. 1 jour 12 heures 40 minutes

Coupez d'abord la poitrine de porc, idéalement, elle doit avoir les mêmes couches de graisse et de viande que possible, coupées en env. Cubes de 3 cm. Le ventre peut être préparé de la même manière avec ou sans croûte.

Placez d'abord les cubes côté gras vers le bas dans une poêle chaude et faites-les frire vigoureusement. Étant donné que certaines graisses se dissolvent immédiatement, aucune graisse supplémentaire n'est nécessaire. Faites ensuite frire de l'autre côté et retirez-les de la poêle.

Mélangez le mirin, le saké, la sauce soja, le sucre et un peu de sauce de poisson. Épluchez et émincez l'ail et le gingembre, hachez grossièrement les oignons nouveaux.

Passez l'aspirateur sur le tout avec les cubes de poitrine de porc et laissez-le tremper dans le cuiseur sous vide à 64 degrés pendant 36 heures. Bien sûr, c'est aussi beaucoup plus rapide si vous choisissez une température plus élevée, mais la graisse ne se transforme pas si idéalement en un émail pur et délicat.

À la fin de la cuisson, sortez les cubes de viande des sacs de cuisson et gardez-les au chaud au four à 65 ° C. Laisser le liquide de cuisson réduire à nouveau jusqu'à ce qu'il commence à épaissir. Pour servir, recouvrez finement les morceaux de poitrine de porc avec la sauce très aromatique.

Buta no Kakuni traduit du japonais des cubes de poitrine de porc simplement cuits doucement. Les variations de ce plat consistent notamment en la marinade / liquide de cuisson et le temps de cuisson. En raison de la cuisson lente souhaitée, la recette est particulièrement adaptée au cuiseur sous vide.

- **Cuisses de poulet aux champignons**

Ingrédients pour 2 portions

Pour la vinaigrette:

- 1 jus d'orange, son jus, env. 100 ml
- 50 ml de vinaigre balsamique de Modène
- 1 piment rouge
- 2 cuillères à soupe. Huile d'olive vierge

Pour la marinade:

- 70 ml de sauce soja
- 10 ml de vinaigre de riz
- Sauce Worcestershire, quelques gouttes
- 1 cuillère à café Mélange d'épices (paprika en poudre, coriandre en poudre, cassonade)
- 2 orteils d'ail, plus frais
- 6 pilons de poulet
- Pour la salade:
- 75 g de salade de maïs, nettoyée et lavée

- 1 oignon, rouge
- 1 poivron rouge
- 1 bouquet de coriandre, plus fraîche
Pour les légumes:
- 400 g de champignons frais
- 1 cuillère à soupe. mon chéri
- 1 cuillère à soupe. Amandes hachées
- Beurre clarifié ou huile pour la friture
- En outre:
- Sel et poivre

Préparation

Temps total env. 10 heures

Pour la marinade de sauce soja, un bon filet de vinaigre de riz (environ 10 ml) et quelques gouttes de sauce Worcestershire, mélanger dans un récipient approprié. Ajouter la cassonade, le miel, la poudre de paprika et la poudre de coriandre au goût (1 c. À thé). Enfin, épluchez l'ail frais et enfoncez-le dans la marinade. Mélangez les pilons de poulet avec la marinade et laissez refroidir au moins 30 minutes, de préférence toute la nuit. Il n'y a pas de limites à la marinade elle-même. L'essentiel est qu'il ait bon goût.

Pour la vinaigrette, mélangez le jus du jus d'orange fraîchement pressé dans un rapport de 2: 1 avec du vinaigre balsamique. Moyens: 100 ml de jus d'orange sur 50 ml de vinaigre balsamique. Ajoutez ensuite un piment finement haché et un peu de sel et de poivre à la vinaigrette. À la fin, fouettez l'huile dans une vinaigrette.

Cette quantité donne une vinaigrette pour environ 4 portions. J'aime le garder et l'utiliser le lendemain.

Lavez et nettoyez la laitue d'agneau et mélangez-la avec un demi-oignon rouge finement haché (selon la taille et le goût, bien sûr) et un poivron. Cueillez la coriandre et mélangez-la également. Sel et poivre.

Nettoyez les champignons, coupez-les en tranches et faites-les braiser dans une poêle chaude - de préférence dans du beurre clarifié, mais de l'huile est également possible. Sel et poivre. Ajouter un peu de miel et saupoudrer d'amandes et glacer les champignons sous la casserole.

Bien égoutter le poulet après l'avoir mariné et passer l'aspirateur, puis cuire à 73,9 degrés Celsius pendant 1 heure. Coupez le sac dans un coin et versez le liquide. Étalez les cuisses sur une plaque à pâtisserie et croquez-les brièvement sous le gril ou (comme je l'ai fait) enflammez-les avec un bec Bunsen.

Badigeonner du reste de la vinaigrette et servir chaud à côté de la laitue d'agneau et des champignons.

Conseil: vous pouvez également faire cuire le poulet au four.

Carpaccio de betteraves au canard oriental

Ingrédients pour 2 portions

- 2 tubercules de betterave
- 1 paquet de fromage Feta
- 1 cuillère à café de moutarde de Dijon
- 1 cuillère à café de miel
- 1 bouquet de coriandre, ou de persil plat
- 2 cuillères à soupe. Balsamique, plus léger
- 2 cuillères à soupe. Huile de noix ou huile de sésame, ou huile d'olive
- 2 cuillères à soupe. Cointreau, ou jus d'orange
- Sel et poivre
- 1 poignée de noix de pin, ou de noix de Grenoble
- 1 cuillère à soupe. poivres
- 2 œillet

- 1 cuillère à café de cannelle
- 1 cuillère à café de poudre de cardamome
- 5 Piment de la Jamaïque
- 12 graines de coriandre
- ½ cuillère à café de poudre de chili
- ½ cuillère à café de paprika
- ½ cuillère à café de gingembre en poudre
- 1 magret de canard
- Beurre clarifié

Préparation

Temps total env. 50 minutes

Betterave dans l'eau salée env. 20 min. cuire, laisser refroidir et couper en fines tranches. Vous pouvez également utiliser de la betterave précuite.

Coupez la feta en fines tranches. Préparez les assiettes avec la betterave et la feta.

Pour la vinaigrette, mélanger le miel, le vinaigre balsamique, le jus d'orange, la moutarde, assaisonner de sel et de poivre moulu.

Faites rôtir les épices restantes dans la poêle sans huile, laissez-les refroidir un peu, puis mortier. Placer le mélange d'assaisonnement dans un sac de congélation, ajouter le magret de canard. Aspirez l'air du sac et nouez-le. Versez de l'eau bouillante sur le sac dans une casserole, 10 min. Laissez infuser, videz l'eau et versez à nouveau de l'eau bouillante dessus, laissez infuser à nouveau pendant 10 min.

Faire griller des pignons de pin ou des noyaux de noix pendant cette période. Mettez-les sur les assiettes. Hachez grossièrement la coriandre ou le persil.

Sortez le magret de canard du sac de congélation et mettez-le dans du beurre clarifié ou similaire. Frire 4 à 5 min de chaque côté. Mettez la sauce dans la vinaigrette. Laisser reposer un peu la viande et la couper le plus fin possible. Mettez les tranches sur les assiettes.

Versez la vinaigrette sur le carpaccio. Répartissez les herbes hachées sur les assiettes.

- **Le filet de bœuf parfait**

Ingrédients pour 1 portions
- 1 boeuf
- 2 gousses d'ail
- 3 romarin
- 7 champignons
- 2 oignons nouveaux
- huile de friture
- Sel et poivre

Préparation

Temps total env. 2 heures 15 minutes

Déballez le filet de bœuf et séchez-le, puis scellez-le avec le romarin et l'ail pelé dans un sac sous vide. Placer le sac dans le bain sous vide à 53-54 ° C. La viande y reste 2 heures.

Nettoyez les champignons et les oignons nouveaux et coupez-les en morceaux. Lorsque la viande sort du bain, vous pouvez commencer à préparer le plat d'accompagnement pour qu'il ait encore du mordant et ne soit pas complètement trop cuit.

Sortez la viande du sac et faites-la griller sur le gril en utilisant la méthode flip-flip, c'est-à-dire tournez toutes les 20 à 30 secondes jusqu'à ce qu'une belle croûte se forme.

Faites frire les champignons et les oignons de printemps pendant environ 5 à 10 minutes dans la poêle chaude et assaisonnez avec juste un peu de poivre et de sel.

● Salade Pulpo aux salicornes

Ingrédients pour 4 portions

- 400 g de calmar (tentacule de pulpe)
- 5 cl de Noilly Prat
- 5 cl d'huile d'olive douce
- 150 g Queller (Salicornes)
- 12 tomates cerises
- 30 g de pistaches
- 1 oignon, rouge
- 1 poignée de sel
- Sel de mer, gros
- Pour la vinaigrette:
- 4 cl de vinaigre de xérès
- ½ gousses d'ail
- 8 cl d'huile d'olive douce
- 1 cuillère à café Moutarde de Dijon
- Poivre (poivre de montagne de Tasmanie), fraîchement moulu
- Du sucre
- Le sel

Préparation

Temps total env. 5 heures 30 minutes

Passer l'aspirateur sur les tentacules pulpaires avec le Noilly Prat et l'huile d'olive et cuire au bain-marie à 77 ° C pendant 5 heures. Sinon, faites cuire les tentacules avec de l'huile et du Noilly Prat dans un rôtissoire au four à environ 90 ° C - cependant, la viande n'acquiert pas la même consistance tendre et résistante aux morsures qu'avec la méthode sous vide.

Pendant ce temps, couvrez le fond d'un plat allant au four ou d'une plaque à pâtisserie avec du gros sel de mer, placez les tomates coupées en deux sur le sel avec la surface coupée vers le haut et laissez sécher au four à 110 ° C pendant environ 2 heures. Les tomates doivent être réduites à environ la moitié de leur volume. Sortez ensuite du four, laissez refroidir et retirez délicatement le sel. Le sel peut être réutilisé «pour toujours» pour des processus de séchage similaires.

Blanchir brièvement les salicornes dans de l'eau bouillante, refroidir rapidement et éponger.

Faites rôtir les pistaches à sec au four à environ 150 ° C jusqu'au degré de torréfaction souhaité (jamais si longtemps qu'elles perdent leur couleur verte) et laissez-les refroidir.

Couper l'oignon en fines rondelles, mélanger avec une poignée de sel et laisser infuser pendant une heure. Ensuite, rincez soigneusement et faites tremper dans au moins un litre d'eau froide pendant une heure supplémentaire. Égouttez l'eau et séchez soigneusement les oignons.

Écrasez finement l'ail et fouettez avec le vinaigre de xérès, l'huile d'olive et la moutarde en une émulsion. Assaisonnez bien avec du poivre de montagne, du sucre et du sel. Le poivre de montagne - qui n'est en fait pas du tout du poivre - doit clairement goûter avec ses notes florales et fruitées.

À la fin de la cuisson, sortez le sac Pulpo du bain-marie et refroidissez-le rapidement dans de l'eau glacée. Coupez les tentacules en morceaux rugueux et servez avec les autres composants.

- **Filet de porc**

Ingrédients pour 3 portions
- 500 g de filet de porc (rôti de porc)
- 750 g de pomme de terre
- 750 g de carotte
- Faire fondre du beurre
- Sel et poivre
- Du sucre

Préparation
Temps total environ 2 heures 30 minutes
Lubrifiez la viande avec du beurre fondu, du sel et du poivre. Enroulez de très nombreuses couches de film alimentaire et assurez-vous qu'il n'y a pas d'air sous le film. Nouez ensuite les extrémités du film plusieurs fois des deux côtés.
La viande doit en fait être scellée avec un appareil à vide, mais ceux qui ne disposent pas d'un tel appareil peuvent utiliser la méthode du film alimentaire. Il est important que la viande soit

absolument scellée, il vaut donc mieux utiliser trop de papier d'aluminium.

Mettre sur une casserole d'eau et chauffer à exactement 60 ° C. Sur une cuisinière électrique, c'est entre les niveaux 1 et 2 (sur 9). Maintenir exactement cette température est très important pour le résultat, alors prévoyez un peu de temps pour le tempérage! Ensuite, mettez la viande emballée dans la casserole et laissez cuire pendant deux heures sans couvercle. Faites ensuite fondre le beurre dans une poêle en fonte très chaude pendant quelques secondes et faites-y caraméliser la viande pour obtenir une belle croûte brune.

Pour les frites rissoles, coupez les pommes de terre en cubes d'env. 1 cm de long (ou utilisez des pommes de terre grelots très petites et coupées en dés) et mettez-les dans une casserole avec de l'eau froide. Porter l'eau à ébullition et cuire les pommes de terre pendant deux minutes, puis filtrer.

Faites fondre le beurre dans une poêle en fonte très chaude et faites revenir les pommes de terre jusqu'à ce qu'elles soient bien dorées. Placez ensuite la casserole avec les pommes de terre dans un four préchauffé à 180 ° C. Faites frire les pommes de terre jusqu'à ce qu'elles soient cuites.

Pour les carottes caramélisées, coupez les carottes en travers en morceaux d'environ 2 cm de long puis coupez-les en quartiers. Versez suffisamment d'eau dans une casserole enduite pour que le fond soit juste recouvert. Ajouter les flocons de beurre, le sucre et les carottes. Laisser mijoter jusqu'à ce que le sirop brun soit fait et mélanger les carottes dedans.

● Roulade de veau au ragoût de tomates

Ingrédients pour 4 portions
- 8 Roulade, de veau
- 1 branche de romarin
- 150 g de tomates séchées, marinées dans l'huile
- 2 gousses d'ail
- 50 g d'olives noires
- 100 g de parmesan, en un seul morceau
- 3 filets d'anchois
- 2 cuillères à café câpres
- Le sel
- Poivre du moulin
- Pour le ragoût:
- 500 g de tomates cerises
- 1 branche de romarin
- Origan
- Basilic
- 4 cuillères à soupe d'huile d'olive

Préparation

Temps total env. 1 heure 40 minutes

Préchauffer une cocotte basse température (cuisinière sous vide) à 58 ° C pour les roulades. Tout en chauffant, lavez le romarin, séchez-le, épilez les aiguilles et hachez-le finement. Égouttez les tomates séchées et épluchez l'ail. Coupez les tomates, l'ail, les câpres, les filets d'anchois et les olives en très petits cubes et râpez grossièrement le parmesan. Pour la farce, mettez tous les ingrédients préparés sauf les tomates dans un bol ou dans le mortier avec un peu d'huile et remuez vigoureusement dans une sorte de bouillie pour que tous les ingrédients soient mélangés.

Placez les tranches de viande côte à côte sur un plan de travail. Badigeonner de farce en laissant les bords libres. Roulez la viande du côté étroit. Soit individuellement, soit max. Passez l'aspirateur sur 2 roulades dans un sac. Cuire au four à basse température pendant 1 heure.

Retirer les roulades, assaisonner de sel et de poivre et faire revenir très brièvement de tous les côtés dans une casserole.

Pour le ragoût de tomates, laver les tomates et les herbes et secouer. Cueillez les aiguilles ou les feuilles et hachez-les finement. Mettez les tomates avec les herbes dans un sac sous vide et assaisonnez légèrement avec du sel et du poivre. Cuire au four à basse température à 85 ° C pendant 40 minutes.

● Entrecôte gratinée de pommes de terre

Ingrédients pour 2 portions
Pour la viande:

- 500 g d'entrecôte
- 4 brins de romarin
- 4 brins de thym
- 2 feuilles de laurier
- 50 g de beurre
  Pour le gratin:
- 900 g de pommes de terre cireuses
- 450 ml de crème fouettée
- 1 gousse d'ail
- 250 g de fromage à gratin
- 3 pincées de sel, poivre, muscade
- 3 coups de vin blanc

Préparation

Temps total env. 90 minutes

Chauffez le bain-marie à la température désirée. Préchauffer le four à 180 ° C (four ventilé).

Mettez l'entrecôte avec le romarin, le thym, les feuilles de laurier et le beurre dans le sac sous vide et mélangez bien le tout.

Mettez la viande sous vide, mettez-la dans le bain-marie et laissez cuire 70 minutes.

Épluchez, coupez en deux et coupez les pommes de terre en fines tranches (laissez les pommes de terre coupées dans leur forme, ne les séparez pas).

Coupez la gousse d'ail en deux et frottez généreusement un plat allant au four.

Placez les moitiés de pommes de terre coupées dans le plat de cuisson. Lorsque le sol est couvert, empilez-les calmement les uns sur les autres. Versez la crème et le vin dessus, assaisonnez avec du sel, du poivre (les pommes de terre peuvent prendre beaucoup de sel) et râpez la muscade dessus. Saupoudrez le fromage sur le mélange de pommes de terre et de crème et faites glisser le plat de cuisson dans le four préchauffé pendant 60 minutes.

Chauffer la poêle au réglage le plus élevé, si elle commence à fumer, ajouter le beurre et le steak et rôtir brièvement de tous les côtés jusqu'à ce qu'une croûte uniforme se forme. Préchauffez l'appareil sur la flamme la plus élevée pour la préparation dans le boeuf. Ajustez l'insert de manière à ce que la viande soit à 1 cm du brûleur. Mettez la grille dans la viande et selon l'épaisseur, steak le steak pendant 15-30 secondes de chaque côté.

Mettez la viande sur une assiette préchauffée, salez et servez avec le gratin.

● Salade de fruits à la zabaione

Ingrédients pour 2 portions
Pour la salade:

- 2 poires
- 1 bébé ananas
- 10 fraises
- 10 raisins de table noirs
- 2 kiwis
- 4 brins de romarin
- 4 brins de thym
- 1 poignée de menthe fraîche
- 3 cuillères à café de sucre de canne brun
- 4 cuillères à soupe de rhum

- 1 cuillère à café de sel

Pour le Zabaione:

- 4 jaunes d'oeuf
- 4 cuillères à café de sucre
- 100 ml de vin blanc
- 1 coup d'amaretto (facultatif)

Préparation

Temps total env. 150 minutes

Préchauffez le bain-marie à 60 ° C.

Coupez les poires en huit dans le sens de la longueur, retirez le cœur, saupoudrez légèrement de sel et divisez les brins de romarin en deux sacs.

Coupez l'écorce de l'ananas, coupez le fruit en quatre dans le sens de la longueur et coupez la tige. Saupoudrer de cassonade, mettre dans un sac, ajouter les feuilles de menthe et affiner avec du rhum.

Lavez les fraises et séchez-les. Couper en deux dans le sens de la longueur et diviser en deux sacs.

Lavez les raisins, séchez-les, coupez-les en deux dans le sens de la longueur et mettez-les dans un sac en aluminium.

Épluchez et coupez le kiwi en quartiers et placez-le dans un sac avec les brins de thym.

Faites cuire les fraises pendant 15 minutes. Retirez ensuite le sac de l'eau et laissez-le refroidir dans un bol rempli d'eau froide.

Chauffer le bain-marie à 65 ° C. Ajouter le kiwi et les raisins à l'eau et, si nécessaire, attacher le sac au pot avec les pinces à linge. Faites cuire pendant 15 minutes. Retirez le sac et placez-le dans le bassin d'eau froide avec les fraises.

Chauffer le bain-marie à 75 ° C ajouter les poires et cuire 30 minutes. Retirez le sac et mettez-le dans l'eau froide.

Chauffer le bain-marie à 85 ° C. Ajouter le sac d'ananas et cuire 90 minutes. Mettez dans de l'eau froide.

Coupez le sachet en aluminium, retirez les herbes et disposez les fruits sur des assiettes.

Préparez la zabaione juste avant de servir. Pour ce faire, séparez les œufs et mettez les jaunes dans le bol en métal. Ajouter le sucre, le vin et l'amaretto et battre le mélange au bain-marie bouillante pendant environ 1 minute jusqu'à ce que la consistance soit crémeuse. Servir avec une salade de fruits.

● Carotte sous vide

Ingrédients pour 2 portions

- 6 carottes de taille moyenne
- 3 pincées de sel
- 2 cuillères à café de sucre en poudre
- 2 coups d'huile d'olive

Préparation

Temps total env. 40 minutes

Chauffer le bain-marie à 75 ° C.

Épluchez les carottes et coupez-les dans le sens de la longueur au milieu.

Placer dans un sac en aluminium, verser l'huile et le sucre glace dessus et bien mélanger dans le sac.

Passez l'aspirateur sur les carottes et mettez-les dans un bain-marie tempéré pendant 35 minutes.

Après la cuisson, sortez les carottes du bain-marie et faites chauffer une lèchefrite au réglage le plus élevé jusqu'à ce que la vapeur monte. Mettre les carottes, presser légèrement et faire frire env. 2 minutes jusqu'à ce que vous puissiez voir un joli motif rôti.

Poitrines de poulet croustillantes avec salade

Ingrédients pour 2 portions
Pour la viande:

- 1 poitrine de poulet entière (avec peau)
- 50 g de beurre
- 1 cuillère à café de sel, poivre
- Huile de colza ou de tournesol (pour la friture)
Pour la salade:
- 2 gros cœurs de laitue (laitue romaine)
Pour la vinaigrette
- 3 anchois (du verre)
- 1 gousse d'ail
- 5 traits de jus de citron
- 250 g de crème fraîche

- 3 cuillères à soupe d'huile d'olive
- 150 g de parmesan
- 3 pincées de poivre noir
  Pour les tranches de pain (crostini)
- 4 tranches de ciabatta
- 4 cuillères à café d'huile d'olive
- 1 gousse d'ail

Préparation

Temps total env. 60 minutes

Préchauffer le bain-marie à 60 ° C avec un stick sous vide.

Saler, poivrer et mettre la poitrine de poulet dans le sac en aluminium. Ajoutez du beurre.

Scellez le sac, mettez-le dans un bain-marie, fixez-le à la casserole et laissez cuire 60 minutes.

Pour la vinaigrette, ajoutez l'ail, les anchois, l'huile, la crème fraîche et le jus de citron dans un mortier et pilez le tout à fond jusqu'à ce qu'une pâte se forme (vous pouvez également, bien sûr, utiliser un mélangeur à main ou un robot culinaire). Assaisonner de poivre et de jus de citron. Le sel n'est pas nécessaire car les anchois donnent suffisamment d'assaisonnement.

Coupez la laitue en fines lanières et lavez-les soigneusement dans une passoire sous l'eau froide.

Lorsque le temps de cuisson de la poitrine de poulet est écoulé, placez la lèchefrite sur la cuisinière et chauffez au réglage le plus élevé.

Sortez le sac en aluminium du bain-marie, sortez la viande et séchez-la avec du papier absorbant. Lorsque la poêle est à la vapeur, ajoutez un petit filet d'huile de colza ou de tournesol et placez la volaille dans la poêle, côté peau vers le bas. En appuyant doucement sur les bandes de gril sur les sauts.

Arroser les tranches de ciabatta des deux côtés d'huile d'olive. Mettre dans la poêle et faire frire brièvement des deux côtés.

Ajouter la vinaigrette à la salade et incorporer. Couper la poitrine de poulet et la déposer sur la salade. Versez le parmesan sur la salade. Frottez les crostini avec une demi-gousse d'ail et servez avec la salade.

● Filet de bœuf sur purée de pommes de terre

Ingrédients pour 3 portions
Pour la viande:

- 350 g de filet de bœuf
- 30 g de beurre
- 2 brins de romarin
- 2 brins de thym
- 1 gousse d'ail, coupée en fines tranches
- Le sel

Pour le martèlement:

- 300 g de pommes de terre farineuses
- 200 g de patates douces
- 150 ml de crème fouettée
- 100 g de beurre
- 3 brins de marjolaine fraîche
- 3 brins de coriandre fraîche
- Sel, poivre, muscade

Pour la réduction:

- 400 ml de vin rouge
- 100 ml de bouillon de bœuf
- 5 brins de romarin frais
- 5 brins de thym frais
- 1 bulbe d'ail
- Sel poivre
- 50 g de beurre
- 1 cuillère à café de concentré de tomate
- 2 cuillères à soupe d'amidon (dissous dans deux fois la quantité d'eau)
- 30 g de sucre
- 2 cuillères à soupe d'huile d'olive

Préparation

Temps total env. 90 minutes

Préchauffez le bain-marie à 54 ° C.

Assécher le filet avec du papier absorbant et ajouter au sac en aluminium avec le romarin, le thym, les tranches d'ail et le beurre. Massez les ingrédients de l'extérieur dans le sac pour que tout se mélange bien.

Passez l'aspirateur sur la viande, mettez-la dans un bain-marie et laissez cuire 90 minutes.

Trancher le bulbe d'ail entier dans le sens de la longueur et le placer côté coupé vers le bas dans une casserole.

Rôtir légèrement l'ail, ajouter d'abord l'huile d'olive, puis le beurre, les herbes fraîches et la pâte de tomate et faire revenir le tout vigoureusement pendant 1 minute.

Déglacer au vin, verser sur le bouillon et laisser mijoter à feu moyen environ 40 minutes jusqu'à ce que la réduction ait une consistance crémeuse, en remuant de temps en temps.

Épluchez et coupez les pommes de terre en quartiers pour la purée. Placer dans une casserole d'eau froide et cuire à feu moyen jusqu'à tendreté (environ 25 minutes).

Passez la sauce au tamis. Réglez la plaque chauffante au niveau le plus élevé, ajoutez le sucre et l'amidon à la sauce et laissez tout bouillir une fois. Réduire à feu moyen et laisser mijoter pendant 20 minutes jusqu'à l'obtention d'une consistance crémeuse.

Ajoutez la crème, le beurre et les herbes hachées aux pommes de terre et écrasez le tout brièvement. Assaisonner de sel, de poivre et de muscade.

Retirez le sac sous vide contenant la viande du bain-marie et maintenez-le brièvement sous l'eau froide. Chauffez la poêle au plus haut niveau. Assécher la viande, saler et rôtir brièvement des deux côtés jusqu'à ce qu'une croûte croustillante se forme.

● Sauce hollandaise

Ingrédients pour 2 portions

- 150 g de beurre
- 2 jaunes d'oeuf
- 60 ml d'eau
- 10 ml de vinaigre de vin blanc
- 3 g de sel

Préparation

Temps total env. 30 minutes

Remplissez d'eau la cuve de la cuisinière sous vide et chauffez à 75 ° C.

Faites fondre le beurre et remplissez-le avec le jaune d'oeuf, l'eau, le jus de citron, le vinaigre de vin blanc et le sel dans un sac sous vide.

Placez le sac sur la scelleuse sous vide et allumez-le. Gardez un œil sur la masse d'œufs: il suffit d'aspirer un peu d'air du sac. Si trop de liquide est aspiré, il se répand dans la scelleuse sous vide. Puis scellez le sac.

Placer le sachet dans le cuiseur sous vide et laisser reposer 30 minutes au bain-marie.

Coupez le sac et versez la masse dans le siphon. Visser le siphon, insérer les cartouches de N2O et agiter vigoureusement. Vaporisez la sauce hollandaise du siphon sur les assiettes.

● Porc effiloché - cuit sous vide

Ingrédients pour 4 portions
Pour le mélange d'épices:
- 1 cuillère à soupe de poudre de paprika
- 1 cuillère à soupe de cassonade
- 1 cuillère à café de sel
- 3 graines de moutarde
- 1 pincée de poivre noir
- 2 pincées d'ail en poudre
- 1 pincée d'origan
- 1/2 cuillère à café de graines de coriandre
- 1 pincée de flocons de piment
  Pour le porc effiloché
- 700 g d'épaule de porc

Mélange d'épices:

- 500 g de frites
- Sauce barbecue
- 3 oignons nouveaux

Préparation

Temps total env. 15 heures

Pour le mélange d'épices, bien mélanger tous les ingrédients.

Remplir le cuiseur sous vide d'eau et chauffer à 74 ° C. Frotter la viande avec la moitié du mélange d'épices de tous les côtés. Placer dans un sac sous vide et passer l'aspirateur.

Mettez la viande dans le bain-marie et laissez cuire environ 16 heures.

Préchauffer le four à 150 ° C. Retirer la viande du sachet sous vide et la sécher soigneusement avec du papier absorbant. Frottez avec le reste du mélange d'épices. Cuire au four environ 3 heures. Dès que le thermomètre à rôti indique 92 ° C, retirez le rôti et laissez-le reposer encore 20 minutes.

Faites frire les frites selon les instructions sur l'emballage, dégraissez-les sur du papier absorbant et assaisonnez avec du sel et du paprika en poudre.

Mettez la viande sur une planche. Couper en bouchées avec 2 grandes fourchettes. Ajouter la sauce barbecue et mélanger jusqu'à ce que tout soit bien imbibé de sauce. Assaisonnez avec du sel. Coupez les oignons nouveaux en rondelles.

Servir le porc effiloché avec des frites, des oignons nouveaux et de la sauce barbecue.

● Saumon aux carottes et purée de pois

Ingrédients pour 4 portions
Pour le saumon:

- 350 g de filet de saumon (avec peau)
- 1 morceau de gingembre (environ 5 cm chacun)
- 2 cuillères à soupe d'huile d'olive
- Pour les carottes
- 6 carottes de taille moyenne
- 3 pincées de sel
- 2 cuillères à café de sucre en poudre
- 3 cuillères à soupe d'huile d'olive
  Pour les petits pois
- 250 g de pois (congélateur)
- 100 ml de bouillon de poisson (ou de bouillon de légumes)
- 2 coups de vin blanc
- 1 gousse d'ail
- 1/2 oignon rouge
- 1 filet d'huile d'olive
- 2 pincées de jus de citron vert

- 1 citron vert (le zeste)
- 1 poignée de coriandre fraîche
- 1 poignée de menthe fraîche
- Sel poivre

Préparation

Temps total env. 175 minutes

Préchauffez le bain-marie à 83 ° C.

Épluchez les carottes et coupez-les en deux dans le sens de la longueur. Mettre dans un sachet en aluminium avec un peu d'huile d'olive, du sel et du sucre en poudre et passer l'aspirateur.

Placer dans un bain-marie tempéré et cuire 2 heures.

Coupez le gingembre en fines tranches pour le poisson (n'a pas besoin d'être pelé), séchez le saumon en tapotant, frottez avec de l'huile d'olive et du sel. Aspirez le tout dans un sac en aluminium et mettez-le au réfrigérateur.

Coupez finement l'oignon et l'ail pour la purée de pois, râpez le zeste du citron vert et hachez grossièrement les herbes.

Faites chauffer de l'huile d'olive dans une casserole. Braiser les oignons et l'ail jusqu'à ce qu'ils soient translucides à feu moyen pendant environ 4 minutes. Déglacer avec le bouillon et le vin blanc et laisser mijoter 10 minutes à feu doux.

À la fin de la cuisson, sortez les carottes de l'eau, mettez-les de côté et réglez le bain-marie à 55 ° C en ajoutant de l'eau froide

Sortez le saumon du réfrigérateur et mettez-le au bain-marie pendant 45 minutes.

Retirez la casserole avec le bouillon de la cuisinière, ajoutez les petits pois surgelés et fermez le couvercle (il suffit de décongeler les pois. Si vous faites cuire trop longtemps dans la casserole, ils perdent rapidement leur couleur et deviennent gris brunâtre).

Réglez la table de cuisson sur le réglage le plus élevé et placez la casserole en fonte dessus.

La poêle commence à fumer, sortez le saumon du sac, retirez le gingembre et faites frire le poisson jusqu'à ce qu'il soit croustillant dans la poêle chaude sur le côté de la peau. Sortez les carottes du sac et faites-les bien sauter à côté du poisson. Pour le motif de gril caractéristique, tournez le saumon à 90 degrés après 45 secondes.

Ajouter les herbes, le jus et le zeste de citron vert, le beurre, le sel et le poivre aux pois et les écraser grossièrement avec un mélangeur à main.

Mettre la purée de pois au milieu d'une assiette, garnir de saumon et disposer les carottes à côté.

● Asperges vertes

Ingrédients pour 4 portions

- 450 g d'asperges
- 2 pincées de paprika en poudre
- 1/2 cuillère à soupe de flocons d'ail
- 1 cuillère à café de gros sel de mer
- 2 cuillères à soupe de beurre
- 1 citron vert

Préparation

Temps total env. 60 minutes

Remplissez le cuiseur sous vide d'eau et portez-le à 57 ° C.

Coupez le citron vert en quartiers. Coupez environ 1 à 2 cm des extrémités des asperges et épluchez le tiers inférieur. Mettez les asperges avec le reste des ingrédients dans un sac sous vide et passez l'aspirateur.

Mettez les asperges dans le bain-marie et faites cuire 1 heure. Ouvrez le sac et servez-le comme accompagnement, par exemple, d'un filet de bœuf ou d'une poitrine de poulet.

● Œuf poché aux crêpes

Ingrédients pour 4 portions
Pour les crêpes aux légumes:

- 130 g de farine
- 1/2 cuillère à café de bicarbonate de soude
- 2 pincées de poivre noir
- 1 pincée de poivre de Cayenne
- 60 g de chou-fleur
- 60 g de brocoli
- 1/2 bouquet de persil
- 2 oignons nouveaux
- 100 g de cheddar

- 1 oeuf
- 230 ml de lait
- 2 cuillères à soupe d'huile d'olive
- Le sel

Pour les œufs pochés

- 4 œufs

Préparation

Temps total env. 45 minutes

Remplir le cuiseur sous vide d'eau et préchauffer à 75 ° C. Ajouter les œufs et cuire 16 minutes.

Mélangez la farine avec le bicarbonate de soude, le sel, le poivre noir et le poivre de Cayenne.

Coupez les oignons nouveaux en rondelles. Hachez finement le chou-fleur, le brocoli et le persil. Mélanger avec les oignons nouveaux, l'œuf, le lait et le fromage cheddar. Ajoutez progressivement le mélange de farine.

Faites chauffer l'huile d'olive dans une poêle. Mettez 1 à 2 louches de pâte dans la casserole et étalez légèrement. Cuire les crêpes à feu moyen jusqu'à ce qu'elles soient dorées à partir du bas. Rouler et égoutter sur du papier absorbant. Faites de même avec le reste de la pâte.

Étalez les crêpes aux légumes dans une assiette. Retirez les œufs du cuiseur sous vide et battez-les soigneusement. Glissez les œufs pochés sur les crêpes et servez.

● **Asperges sous vide**

Ingrédients pour 4 portions

- 500 g d'asperges blanches
- 0,5 cuillère à café du sucre
- 0,5 cuillère à café de sel
- 1 stk. Citron l'écorce de celui-ci
- 30 g de beurre

Préparation

Temps total env. 35 minutes

Épluchez les asperges blanches, retirez le bout ligneux et placez-les dans le sac sous vide.

Râpez le zeste du citron bio non traité avec une râpe et ajoutez-le au sac avec le beurre, le sucre et le sel.

Retirez maintenant l'air du sac à l'aide d'un aspirateur et fermez le sac.

Le sac scellé est maintenant placé dans le cuiseur à vapeur ou dans un appareil sous vide pendant env. 30 minutes à 85 degrés.

Sortez les asperges finies du sac et servez-les avec des pommes de terre bouillies et une sauce hollandaise.

- **Côtes levées sous vide**

Ingrédients pour 2 portions
- 2 kg de côtes levées

Ingrédients pour la marinade
- 1 cuillère à café paprika
- 1 cuillère à café Cumin moulu
- 1 cuillère à café Chili en poudre ou sel de chili
- 1 cuillère à café Origan
- 1 poivre noir moulu
- 1 sel
- 1 cuillère à café poudre d'ail
- 1 shot de jus de citron
- 5 cuillères à soupe Sauce barbecue

Préparation

Temps total env. 315 minutes

Pour les côtes levées sous vide, préparez d'abord une marinade copieuse. Dans un bol, mélanger la poudre de paprika, le cumin, la poudre de chili, l'origan, le poivre, le sel, la poudre d'ail et le jus de citron avec la sauce barbecue.

Frottez bien les côtes levées avec cette marinade et placez-les côte à côte dans le sac sous vide et passez l'aspirateur.

Maintenant, faites cuire les côtes levées pendant 5 bonnes heures à 80 degrés dans un appareil sous vide ou dans un cuiseur à vapeur.

Ensuite, rincez immédiatement les côtes levées à l'eau froide, sortez la viande du sac et placez-la sur le gril chaud - pendant environ 8 à 12 minutes. Si vous le souhaitez, vous pouvez enrober les côtes levées d'un peu de sauce barbecue après les grillades - mais ce n'est pas nécessaire.

● Bâtonnets de carottes sous vide

Ingrédients pour 4 portions
- 400 g de carottes
- 1 cuillère à soupe. beurre
- 1 cuillère à café Gingembre, râpé
- 1 cuillère à café Graines de fenouil, entières

Préparation

Temps total env. 65 minutes

Lavez les carottes, nettoyez-les, épluchez-les avec un éplucheur de pommes de terre et coupez-les en bâtonnets allongés.

Mettez maintenant les bâtonnets de carottes côte à côte dans un sac sous vide. Mettez le gingembre râpé et les graines de fenouil dans le sac avec les carottes et passez l'aspirateur.

Maintenant, placez le sac dans l'appareil sous vide ou dans le cuiseur vapeur et laissez cuire 60 minutes à 80 degrés.

Puis trempez le sac dans de l'eau glacée (ou de l'eau froide), retirez les carottes du sac et faites-les tourner brièvement dans un peu de beurre dans une casserole.

- **Filet de porc sous vide**

Ingrédients pour 4 portions

- 600 g de longe de porc / porc
- 1 shot d'huile pour la poêle
- 1 sel
- 1 poivron

100 min. Temps total

Préparation

Temps total env. 100 minutes

Pour le filet de porc en utilisant le procédé sous-vide, lavez d'abord la viande et séchez-la avec le torchon.

À présent, utilisez un couteau bien aiguisé pour éliminer les résidus de graisse et la peau argentée de la viande et coupez-les en tranches de n'importe quelle taille (environ 3-4 cm) d'épaisseur - bien sûr, vous pouvez également faire cuire la pièce entière.

Maintenant, les morceaux de viande entrent dans le sac sous vide et l'air est aspiré et soudé à l'aide d'un appareil à vide.

Le sac soudé est ensuite placé dans le cuiseur à vapeur ou dans un appareil sous vide pendant env. 60 minutes à 63 degrés (= moyen) ou 67 degrés.

Après une cuisson douce, retirez le sac, coupez-le avec un couteau ou des ciseaux, séchez un peu la viande avec du papier absorbant et assaisonnez-la de sel et de poivre.

Enfin, un filet d'huile est chauffé dans une poêle et la viande est épicée de tous les côtés et n'est saisie que brièvement - important, l'huile doit être très chaude.

- **Purée de pommes de terre sous vide**

Ingrédients pour 4 portions
- 1 kg de pommes de terre, cuites avec de la farine
- 250 ml de lait
- 30 g de beurre
- Le sel
- Noix de muscade

Préparation

Temps total env. 100 minutes

Pour la purée de pommes de terre, lavez et épluchez d'abord les pommes de terre. Ensuite, passez l'aspirateur et scellez les pommes de terre dans un sac sous vide.

Le sac de pommes de terre est placé dans le cuiseur à vapeur ou dans l'appareil sous vide pendant 90 minutes à 85 degrés.

Ensuite, sortez les pommes de terre du sac et écrasez-les dans une casserole et faites-les chauffer à feu doux.

Chauffer le lait avec le beurre dans un autre bol et incorporer au mélange de pommes de terre à l'aide d'un fouet. Assaisonnez la purée de pommes de terre avec du sel et une pincée de muscade.

● Citrouille d'Hokkaido sous vide

Ingrédients pour 2 portions
- 1 potiron Hokkaido (400 grammes)
- Le sel
- Poivre
- 1 cuillère à café beurre
- 1 cuillère à café Beurre pour la poêle
- Gingembre, râpé
- 1 shot de jus de pomme

Préparation

Temps total env. 25 minutes

Lavez bien la citrouille Hokkaido, coupez-la en deux et utilisez une cuillère pour enlever la pulpe avec les graines - ne la jetez pas, les graines peuvent être séchées et utilisées pour décorer divers plats.

Maintenant, coupez la citrouille (y compris la peau) en cubes de la taille d'une bouchée et ajoutez-la avec le gingembre, le beurre, le sel, le poivre et une pincée de jus de pomme dans le sac sous vide et passez l'aspirateur - assurez-vous qu'aucun liquide ne pénètre dans la soudure. couture du sac.

Maintenant, faites cuire les morceaux de citrouille dans un sac à 80 degrés pendant 20 minutes dans un cuiseur sous vide ou à vapeur.

Après la cuisson, retirez le sac, ouvrez-le et faites revenir brièvement les morceaux de citrouille dans une casserole avec un peu de beurre.

- **Médaillons de porc sous vide**

Ingrédients pour 4 portions
- 800 g de filets de porc
- Le sel
- Poivre
- Huile pour la poêle

Préparation

Temps total env. 75 minutes

Pour les médaillons de porc sous vide, lavez d'abord la viande, séchez-la et coupez-la en tranches d'env. 3-4 cm.

Maintenant, assaisonnez les morceaux de viande avec du sel et du poivre, mettez-les dans un sac sous vide et retirez l'air à l'aide de l'aspirateur et fermez le sac.

Le sac à 63 degrés pendant environ 60 minutes dans le cuiseur à vapeur ou dans l'appareil sous-vide.

Ensuite, ouvrez le sac, sortez la viande et faites-la saisir dans une poêle avec de l'huile de tous les côtés - l'huile doit être très chaude et la viande ne doit être saisie que très brièvement.

● Saumon sous vide

Ingrédients pour 4 portions

- Filet de saumon 4 stk, sans peau
- Sel de mer
- Poivre noir
- 1 shot de jus de citron
- 2 tiges d'aneth, hachées
- 2 branches de thym, hachées
- 2 cuillères à soupe. huile d'olive

Préparation
Temps total env. 40 minutes

Lavez d'abord les filets de saumon (environ 180 grammes chacun - 3 cm d'épaisseur), séchez-les avec du papier absorbant et retirez les os.

Maintenant, faites une marinade à partir de l'huile d'olive, des tiges d'aneth coupées, du sel, du poivre, du jus de citron et des brins de thym coupés et frottez les filets de poisson avec.

Mettez ensuite les filets (y compris la marinade) dans un sac sous vide - ne les posez pas les uns à côté des autres - passez l'aspirateur et faites cuire les sacs pendant 30 minutes à 52 degrés dans un appareil sous vide ou dans un cuiseur vapeur.

Après la cuisson, retirez les filets de poisson du sac et servez - un plat d'accompagnement est un gratin de pommes de terre ou des pommes de terre bouillies.

- **Magret de canard à l'orange**

Ingrédients pour 4 portions
- 4 magrets de canard
- 1 prix de sel
- 1 cuillère à soupe. Beurre pour la poêle
- Ingrédients pour la sauce à l'orange
- 1 orange
- 1 gousse d'ail
- 1 cuillère à soupe. Beurre pour la poêle
- 1 prix de sel

Préparation

Temps total env. 40 minutes

Lavez les morceaux de poitrine de canard et séchez-les. Libérez ensuite la viande des tendons, de la peau et de la graisse indésirables (ces morceaux peuvent être utilisés pour une soupe) et coupez en croix côté peau.

Placez maintenant les morceaux de viande côte à côte dans le sac sous vide et scellez le sac sous vide.

Cuire le sac à 66 degrés (= moyen) ou 72 degrés (= à travers) pendant 35 minutes.

Ensuite, sortez la viande du sac (récupérez le jus de cuisson) et faites-la frire dans une poêle chaude avec du beurre des deux côtés - un peu plus longtemps côté peau.

Ouvrez l'orange pour la sauce à l'orange et retirez la pulpe de la peau. Coupez les morceaux d'orange en petits morceaux - récupérez le jus et faites suer avec les morceaux d'orange et la gousse d'ail dans une casserole avec un peu de beurre.

Maintenant, mélangez le jus de cuisson du sachet sous vide et laissez bouillir brièvement - assaisonnez avec une pincée de sel.

● Millefeuille aux pommes avec sauce aux fruits rouges

Ingrédients pour 4 portions

- 300 g de pâte feuilletée
- 300 g de baies
- 60 g de sucre de canne
- 1 petit bouquet de menthe
- 50 millilitres de rhum
- 500 g de pommes Golden Delicious
- 70 g de sucre semoule
- 50 g de pignons de pin
- 50 g de raisins secs
- 1 gousse de vanille
- 50 g de sucre glace

Préparation

Temps total env. 3 heures 5 minutes

Remplissez le bain-marie et préchauffez-le à 65 ° C.

Mélangez les ¾ des baies avec le sucre de canne, ajoutez la moitié de la menthe et du rhum et mettez le tout dans un sac sous vide, fermez bien et laissez cuire 15 minutes 65 ° C. Laisser refroidir, bien mélanger et filtrer.

Maintenant, remplissez un bain-marie et préchauffez-le à 60 ° C.

Épluchez les pommes et enlevez le cœur, coupez-les en segments et mettez-les dans un sac sous vide avec le sucre cristallisé, les pignons de pin, les raisins secs et la vanille. Fermez bien le sac et plongez-le complètement dans un bain-marie sous vide puis faites-le cuire 12 minutes à 60 ° C. Laissez bien refroidir.

Étalez la pâte feuilletée et coupez-en des tranches de 10 cm. Placez-le ensuite sur une plaque à pâtisserie et faites-le cuire à 180 ° C pendant 6 minutes au four.

Après la cuisson, coupez les tranches de pâte feuilletée en deux, remplissez-les de pomme et déposez-les sur les plats de service. Saupoudrez en dernier un peu de sauce aux fruits rouges et la menthe restante.

● Millefeuille de pomme avec mousse

Ingrédients pour 4 portions
Sous vide pomme:
- 400 g de pommes Golden Delicious
- 80 g de sucre semoule
- 1 gousse de vanille
- Mousse sous vide:
- 3 décilitres de lait
- 3 décilitres de crème
- 1 bâton de cannelle
- 6 jaunes d'oeuf
- 90 grammes de sucre granulé
- Pâte feuilletée:
- 400 g de pâte feuilletée
- Garnir:
- pignons de pin
- Raisins secs

Préparation

Temps total env. 27 minutes

Sous vide pomme:

Épluchez les pommes et enlevez le cœur, puis coupez-les en segments et mettez-les dans un sac sous vide sous vide avec le sucre cristallisé et la vanille. Lorsque le sac est bien fermé, plongez-le complètement dans le bain-marie et laissez cuire 12 minutes à 60 ° C sous vide jusqu'à cuisson complète.

Ensuite, laissez-le bien refroidir.

Mousse sous vide:

Battez bien les jaunes d'œufs avec le sucre et ajoutez la crème et le lait. Mettez ce mélange avec la cannelle dans un sac sous vide. Fermez bien le sac et plongez-le dans le bain-marie sous vide.

Ensuite, laissez cuire 15 minutes à 92 ° C sous vide.

Laissez ensuite refroidir le mélange. Passez-le à travers un tamis et versez la crème dans un siphon avec une cartouche de gaz. Conservez-le au réfrigérateur.

Pâte feuilletée:

Étalez la pâte feuilletée et coupez-en des tranches de 10 cm. Placez-le ensuite sur une plaque à pâtisserie et faites-le cuire à 190 ° C pendant 20 minutes au four.

Garnir:

Déposer la pâte feuilletée sur les plats de service; ajoutez les pommes et terminez avec la crème à la cannelle, les pignons de pin et les raisins secs.

- **Saumon sous vide à l'aneth**

Ingrédients pour 4 portions

Saumon sous vide:

- 400 grammes de filet de saumon sans os ni peau
- 40 millilitres d'huile de colza ou d'huile de tournesol
- Le zeste d'un citron
- Le sel

Concombre:

- 2 concombres
- 1 petit bouquet d'aneth
- Le zeste et le jus d'un citron vert
- 2 cuillères à soupe d'huile de colza
- Le sel
- Du sucre

Préparation

Temps total env. 18 minutes

Saumon sous vide:

Coupez le saumon en quatre morceaux égaux et passez l'aspirateur avec les autres ingrédients dans un sac sous vide.

Cuire les morceaux de saumon pendant 18 minutes à 56 ° C dans un bain-marie sous vide, saler au goût et déposer chaque morceau sur une assiette avec la salade de concombre.

Concombre:

Épluchez les concombres, coupez-les en deux et coupez-les en tranches en forme de faucille. Mettez-le avec le sel, le sucre et le zeste de citron dans un sac sous vide et passez l'aspirateur. Faire mariner au réfrigérateur pendant 2 heures.

Hachez finement l'aneth et faites une vinaigrette avec le jus de citron vert et l'huile.

Faire mariner les concombres avec la vinaigrette et assaisonner à l'aneth.

- **Roulade de bœuf avec sauce à l'oignon**

Ingrédients pour 1 portion

- 4 tranches de bœuf, par exemple le couvercle du dessus est très approprié pour la roulade.
- 4 cuillères à soupe de moutarde de taille moyenne
- 2 gros cornichons
- 1 cuillère à soupe de bacon
- 1 oignon de taille moyenne, haché finement
- 1 cuillère à café de feuilles de marjolaine fraîche
- Un peu de vinaigre balsamique
- Le sel
- 300 millilitres de sauce

Préparation

Temps total env. 2 heures

Aplatir les tranches de roulade, badigeonner de moutarde et saupoudrer de sel.

Mettez les cubes de bacon dans une poêle et faites-les revenir avec les oignons.

Incorporer les feuilles de marjolaine et acidifier légèrement le tout avec un peu de vinaigre.

Laissez refroidir ce mélange et placez-le au fond de la roulade.

Trancher les cornichons et les déposer sur les oignons. Pliez légèrement les côtés et enroulez-les fermement.

Passez l'aspirateur sur les portions avec la sauce et faites cuire 2 heures à 65 ° C dans un bain-marie sous vide.

Retirer la roulade du sac et servir avec la sauce. Nouez la sauce si nécessaire.

• Mojito infusé sous vide

Ingrédients pour 2 portions
- 750 ml de rhum
- 4 tiges de citronnelle de taille moyenne - légèrement meurtries (utilisation d'un marteau de cuisine)
- 4 feuilles de lime kaffir
- Pelez 1 citron vert
- Jus de 1 citron vert
- 3 brins de taille moyenne de feuilles de menthe fraîche
- Eau pétillante

Préparation
Temps total env. 4 heures
Préchauffez votre bain-marie sous vide à 57 ° C.
Placez tous les ingrédients dans un sac sous vide et fermez complètement en éliminant le plus d'air possible. Plongez dans un bain-marie sous vide et laissez cuire 4 heures.
Retirer de l'eau et laisser refroidir complètement. Meilleur si réfrigéré.

- **Filet de filet sous vide**

Ingrédients pour 4 portions
- 500 grammes de filet de Nouvelle-Zélande
- 3 cuillères à soupe d'huile d'arachide
- 1 cuillère à café d'huile d'olive, extra vierge
- 750 millilitres de vin rouge
- 3 bouteilles de porto
- 750 millilitres de bouillon de viande
- 200 grammes de foie d'oie
- 200 grammes de foie de poulet
- Sel et poivre
- 100 grammes de pois, frais ou surgelés
- 50 ml de fond de veau
- 1 carotte
- 50 grammes de truffe noire
- 50 millilitres de champagne
- 150 grammes d'oignons perlés

- 5 baies de genièvre

Méthode de préparation

Temps total env. 60 minutes

Versez 750 ml de vin rouge, le porto et le bouillon de viande dans une casserole dans laquelle vous pouvez faire de la sauce et laissez mijoter jusqu'à ce qu'elle ait une texture sirupeuse.

Préparez la crème de foie en faisant sauter le foie gras et le foie de poulet séparément. Ne gardez pas la graisse. Assaisonner de sel et de poivre et couper en cubes.

Faites bouillir le bouillon de 750 ml à environ 100 ml, puis ajoutez le foie coupé en dés. Réduisez le mélange en purée et passez-le au tamis fin pour obtenir une crème fine et douce.

Préparez la purée de pois en blanchissant brièvement les pois frais dans de l'eau bouillante salée; si vous utilisez des pois surgelés, laissez-les d'abord décongeler. Réduire les petits pois avec le fond de veau et assaisonner de sel et de poivre.

Coupez la carotte en fines lanières à l'aide d'un éplucheur. Blanchissez-les brièvement dans de l'eau bouillante salée et effrayez-les dans de l'eau glacée. Faites-en des petits rouleaux et placez-le sur une assiette. Mettre au four à basse température pour les garder au chaud.

Faites cuire les truffes pendant environ une heure dans une casserole fermée dans 50 ml de champagne et 50 ml de porto. Ensuite, retirez-les de l'infusion et coupez-les en petits dés.

Épluchez l'oignon perlé et faites-le revenir dans une poêle avec un peu d'huile d'arachide. Déglacer avec 500 ml de porto, ajouter trois baies de genièvre et laisser bouillir environ 5 minutes. Laisser cuire encore 20 minutes avec le couvercle sur la casserole.

Saler légèrement le filet et badigeonner d'huile d'olive. Passez l'aspirateur sur la viande avec deux baies de genièvre dans un sac sous vide. Placer la viande dans un bain-marie sous vide à 60 ° C pendant 1 heure.

Ensuite, retirez la viande du sac, séchez-la et faites-la frire brièvement dans une poêle avec un peu d'huile d'arachide des deux côtés à haute température. Mélangez le jus de viande avec les oignons perlés marinés.

Coupez le filet de bœuf en diagonale et divisez-le en quatre assiettes. Ajouter une boule de purée de pois et de crème de foie. Disposez les rouleaux de carottes et les oignons perlés dans l'assiette. Versez la sauce sur tout le plat et dégustez!

- **Brocoli romanesco sous vide**

Ingrédients pour 4 portions

- 700 grammes de brocoli Romanesco (il reste environ 450 grammes une fois nettoyé)
- 20 grammes de beurre salé en cubes
- 1 pincée de muscade

Méthode de préparation

Temps total env. 60 minutes

Coupez le brocoli Romanesco en petits fleurons, nettoyez-les, lavez-les soigneusement et séchez-les bien. Blanchissez-les brièvement dans de l'eau salée puis effrayez-les dans de l'eau glacée.

Placer les légumes les uns à côté des autres dans un sac résistant à l'ébullition, saupoudrer de muscade dessus, ajouter le beurre salé et bien répartir le tout sur le brocoli Romanesco.

Passez l'aspirateur et faites cuire les légumes 60 minutes à 80 ° C dans le bain-marie sous vide.

Puis effrayez-le dans de l'eau glacée. Pour servir, réchauffez le brocoli dans le sac puis faites-y revenir légèrement les fleurons dans une poêle.

● **Burgers végétariens au céleri-rave**

Ingrédients pour 1 portion

- 4 tranches de céleri sous vide
- 1 oignon rouge
- 1 tomate de boeuf
- 4 tranches de fromage cheddar
- 4 sandwichs (hamburgers)
- 2 cornichons
- Sauce tomate
- 100 grammes de laitue iceberg
- Mayonnaise au curry (à partir de 100 ml de mayonnaise, 1 cuillère à café de poudre de curry et 1 cuillère à café de sirop de gingembre)

Préparation

Temps total env. 15 minutes

Griller les tranches de céleri 4 minutes de chaque côté dans la lèchefrite

Préchauffer le four à 180 ° C

Couper l'oignon rouge en rondelles et trancher la tomate.

Placer les tranches de céleri sur une plaque à pâtisserie et déposer une tranche de tomate sur chaque tranche

Mettez quelques rondelles d'oignon rouge sur le dessus et une tranche de fromage cheddar. Mettre au four préchauffé pendant 3 minutes.

Coupez les petits pains en deux et faites-les griller brièvement dans la lèchefrite ou sur la plaque gril. Couvrir les moitiés de salsa aux tomates

Sortez les burgers de céleri-rave du four et placez-les sur les moitiés inférieures du pain. Coupez le cornichon en longues tranches et placez une tranche sur chaque hamburger.

Mélangez la mayonnaise au curry avec la laitue iceberg finement hachée et déposez-la sur les hamburgers. Couvrir avec le reste des moitiés de pain.

● **Ananas infusé**

Ingrédients pour 1 portion

- ½ ananas
- Nœud de beurre
- 1 bâton de cannelle
- ¼ de gousse de vanille
- 4 gousses de cardamome
- 2 anis étoilés
- Une pincée de rhum brun

Préparation

Nettoyez l'ananas en coupant la peau et en découpant le noyau dur.

Couper en tranches épaisses et mettre dans un sac sous vide.

Posez les épices et la noix de beurre dessus et ajoutez un filet de rhum brun.

Passez l'aspirateur sur l'ananas.

Placer le stick sous-vidéo sur une casserole d'eau et régler à 82,5 ° C et ajouter l'ananas lorsque l'eau est à température.

Laisser cuire l'ananas 5 minutes.

Sortez du sac et servez immédiatement à votre discrétion, le `` beurre de rhum " peut absolument être mis à la cuillère sur l'ananas ou refroidissez immédiatement l'ananas dans de l'eau glacée et conservez-le pour un moment ultérieur.

- **Joue de veau au chou**

Ingrédients pour 4 portions
- 4 joues de veau
- Frotter oriental
- Thym frais (citron)
- Romarin et sauge
- 8 gousses d'ail (écrasées)
- Beurre clarifié ou graisse d'oie
- Poivre blanc (fraîchement moulu)
- Farine, 8 pommes de terre nouvelles (brossées et coupées en deux)
- 1 petit chou vert
- ½ sac de châtaignes précuites
- 1 cuillère à café de graines de carvi (écrasées)
- 1 bouteille de bière de blé
- 125 ml de bouillon de légumes ou de poulet
- Compote de canneberges (pot)

Préparation

Badigeonner les quatre joues de veau d'huile d'olive, les enrober de sauce orientale et saupoudrer d'un peu de poivre et de sel fraîchement moulu.

Mettez chaque joue de veau dans son propre sachet sous vide avec du thym frais, de la sauge, du romarin, de l'ail écrasé et un généreux filet d'huile d'olive douce. Passez l'aspirateur sur la viande.

Chauffez le cuiseur sous vide à 80 ° C. Lorsque l'appareil a atteint la bonne température, placez les sacs sous vide dans le support. Remarque: les sacs doivent pendre sous l'eau.

Retirez les sacs de l'autocuiseur après 6 à 8 heures (selon l'épaisseur de la viande après avoir passé l'aspirateur) et refroidissez-les immédiatement dans de l'eau glacée.

Retirez la viande des sacs et retirez les herbes et l'ail. Coupez les joues de veau en 3 morceaux chacune. Saupoudrer la viande de poivre blanc fraîchement moulu et de sel. Incorporez légèrement la viande des deux côtés dans la farine.

Saisir la viande à feu vif dans du beurre clarifié ou de la graisse d'oie et rôtir jusqu'à ce qu'elle soit croustillante en 4 minutes environ. Laisser reposer la viande dans un endroit chaud.

Faites bouillir les pommes de terre nouvelles pendant environ 10 minutes dans de l'eau avec un peu de sel.

Pendant ce temps, coupez le chou en deux et déchirez les feuilles en morceaux. Cuire les châtaignes 5 minutes à feu moyen dans du beurre. Ajoutez les graines de carvi et le chou. Scoop plusieurs fois. Déglacer les châtaignes avec la bière blanche et ajouter le bouillon. Porter le tout à ébullition puis baisser complètement le feu. Cuire le chou avec un couvercle sur la casserole en environ 7 minutes.

Faites revenir les pommes de terre dans du beurre environ 5 minutes.

Découpez la viande. Répartissez le chou dans 4 assiettes creuses préchauffées, posez dessus les tranches de joue de veau et étalez-y les châtaignes et les pommes de terre nouvelles. Versez de la compote de canneberges sur le plat ici et là.

- **Tournedos Rossini**

Ingrédients pour 2 portions
Foie de canard:
- 200 g de foie de canard
- 1/2 verre à cocktail vieux
- Sucre en poudre
Filet et sauce:
- 4 morceaux de filet mignon
- (120/140 g) d'huile et de beurre
- 1 dl Madère
- 75 g de tapenade de truffe
- 3 dl de fond de veau
Pain brioché:
- 4 tranches épaisses de pain brioché (2 cm)
- 1 gousse d'ail
- Huile
- Pommes de terre et asperges:
- 500 g de jeunes pommes de terre, dans la peau
- 12 asperges vertes

Préparation

Préparation du foie de canard:

Laisser le foie de canard se réchauffer et éliminer les veines et les vaisseaux sanguins.

Mettez le foie de canard dans un grand récipient. Ajouter le vieux et bien mélanger. Assaisonnez avec du poivre, du sel et une pincée de sucre en poudre (assurez-vous qu'il ne devienne pas trop sucré).

Versez-le dans un moule adapté et laissez reposer au réfrigérateur pendant environ 2 heures.

Préparation Filet et sauce:

Faites frire brièvement le filet dans l'huile chaude. Ensuite, laissez refroidir légèrement de la casserole.

Passez l'aspirateur sur la viande.

Laisser cuire la viande sous vide pendant 4 heures à 56 °C.

Déglacer le bouillon avec le Madère, la tapenade de truffe et le fond de veau.

Réduire à 1/3 et assaisonner au goût.

Préparation du pain brioché:

Coupez le pain brioché en grosses tranches.

Hachez très brièvement l'ail et les légumes dans l'huile.

Nappez le pain d'huile d'ail et faites-le croustiller au four à 180 ° C.

Préparation des pommes de terre et des asperges:

Lavez bien les pommes de terre. Coupez-les en deux, faites cuire jusqu'à ce qu'elles soient al dente et laissez refroidir.

Blanchissez les asperges dans de l'eau bouillante avec du sel et laissez-les refroidir dans de l'eau glacée.

- **Gratin festonné**

Ingrédients
- 800 grammes de salsifis
- 2 cuillères à soupe. panko
- 2 cuillères à soupe. pignons de pin
- 4 brins de thym citron
- 50 grammes de fromage pecorino

Méthode de préparation

Préchauffer le four avec réglage du gril à 190 ° C.

Disposez les salsifis les uns à côté des autres dans un plat de cuisson graissé ou sur une plaque de cuisson graissée.

Retirer le thym citronné des brindilles et saupoudrer de salsifis.

Assaisonner généreusement avec du poivre fraîchement moulu et un peu de sel et saupoudrer de pignons de pin et de panko.

Râper le fromage pecorino dessus et graisser dans le four préchauffé jusqu'à ce que le panko soit bien croustillant et que le fromage soit coloré et fondu.

● **Poulet avec sauce au brocoli**

Ingrédients pour 4 portions
- 4 filet de poulet
- 1 brocoli
- 3 échalotes
- Champignon 10 pièces
- 40 g de beurre
- 5 g de sel
- 2 gousses d'ail
- 100 g de vin blanc
- 350 grammes de crème fouettée
- 100 grammes de fromage Gouda

Préparation

Temps total env. 1 heure 30 minutes

Chauffez le bain sous vide à 65 degrés. Mettez le filet de poulet dans un sac sous vide avec un généreux filet d'huile d'olive et une pincée de sel. Une fois que le bain-marie est à température, mettez le poulet et réglez la minuterie sur 1 heure.

Coupez les fleurons du brocoli et coupez la tige de brocoli en petits morceaux. Couper l'échalote en morceaux et la broyer avec la tige de brocoli au robot culinaire.

Nettoyez les champignons (si nécessaire) et coupez-les en quartiers.

Faites fondre le beurre dans une casserole. Ajouter le sel, l'ail finement haché et le mélange d'oignon brocoli et faire revenir pendant 5 minutes. Ajouter le vin et laisser réduire jusqu'à ce qu'il ne reste presque plus d'humidité dans la casserole. Ajoutez ensuite la crème fouettée et le fromage et remuez bien jusqu'à ce qu'une structure semblable à une fondue soit créée.

Ajouter le brocoli et les champignons et laisser cuire lentement en 15 minutes environ. Remuez régulièrement ou la sauce cuit.

Au bout d'une heure, retirez le poulet du bain sous vide et séchez-le avec du papier absorbant. Faites ensuite une poêle bien chaude et faites frire le poulet des deux côtés pour une belle couche brune. Sers immédiatement.

Combinez le poulet avec la sauce au brocoli. Bon appétit!

● Purée de pommes de terre à 72 degrés

Ingrédients pour 6 portions
- 1 kilo de pomme de terre
- 250 grammes de beurre
- 150 grammes de lait

Préparation

Temps total env. 90 minutes

Peler les patates. Lorsque les bips sont sortis de leur veste, coupez-les en parties égales d'environ 1 centimètre d'épaisseur; de cette manière, toutes les pommes de terre sont cuites en même temps. Conservez les pelures.

Et comme dernière étape de préparation, lavez longuement vos pommes de terre! En coupant dans la pomme de terre, vous cassez les parois cellulaires de la pomme de terre, de sorte que l'amidon est libéré sur la surface de coupe. Si vous deviez cuire vos pommes de terre immédiatement, tout cet amidon se retrouverait dans le liquide de cuisson, ce qui n'améliore pas la purée. Rincez bien les pommes de terre pendant quelques minutes, pour que tout l'amidon de votre évier ait disparu.

Si vous mettiez les pommes de terre lavées dans de l'eau bouillante, les parois cellulaires éclateraient et vous perdriez une partie de l'amidon. Avec une astuce simple, vous pouvez vous assurer que l'amidon est d'abord fixé dans la pomme de terre. En conséquence, la pomme de terre perd moins d'amidon lors de la préparation ultérieure, exactement ce que nous voulons!

Et comment faites-vous cela? Mettez simplement vos pommes de terre dans de l'eau à 72 degrés pendant 30 minutes, facilement sous vide. Vraiment. Cela fait de votre pomme de terre une pomme de terre différente… Elle n'est pas cuite, mais elle est ferme. Tout l'amidon est maintenant bien enfermé dans la pomme de terre.

La pomme de terre a le plus de saveur dans la peau. Et dommage de ne pas l'utiliser dans votre purée! Pour ce faire, lavez soigneusement les peaux et portez-les à ébullition en remuant avec le lait. Retirez la casserole du feu dès que le lait bout et laissez reposer jusqu'à utilisation. Cela attire le goût des peaux dans le lait, que vous ajoutez enfin à votre purée.

Rincez à nouveau les pommes de terre après 30 minutes et faites-les cuire encore 30 minutes. Ceci est bien sûr possible sans sous vide et simplement en faisant bouillir l'eau.

Coupez le beurre en morceaux et mettez-les dans un bol à mélanger. Égouttez les pommes de terre bouillies et pressez-les finement avec le presse-purée (ou utilisez une purée de purée). Remuez bien le mélange de pommes de terre au beurre.

Frottez maintenant la purée dans le tamis le plus fin possible (boulanger).

Ajouter un filet de lait et bien incorporer la purée. Continuez à ajouter du lait jusqu'à ce que vous ayez obtenu la consistance désirée. Assaisonner avec du poivre frais et du sel de mer. Le passionné ajoute maintenant de la noix de muscade, ou du zeste de citron / lime (pour agir comme une contrepartie fraîche au beurre).

CONCLUSION

Cette méthode de cuisson moderne et novatrice vaut-elle vraiment la peine d'investir dans la cuisine quotidienne à la maison? Je vais partager les raisons pour lesquelles je pense que sous vide est un outil pratique pour tout, d'un dîner en semaine à un dîner chic.

Même si cette technique peut sembler si étrangère et difficile - des sachets en plastique? Gadgets de haute technologie? Qui a besoin de tout cela dans la cuisine? Mais les avantages du sous vide, si bien connus des restaurants, peuvent aussi être extrêmement utiles au cuisinier à la maison.

Le sous vide offre un contrôle complet dans la cuisine pour offrir les aliments les plus tendres et les plus savoureux que vous ayez jamais mangés. Avec cela, il est très simple d'obtenir des résultats de qualité restaurant d'un bord à l'autre.

La raison la plus étonnante pour moi est la simplicité et la flexibilité du sous vide. Si vous cuisinez pour diverses préférences alimentaires ou allergies, la cuisson sous vide peut vous faciliter la vie. Par exemple, vous pouvez faire cuire du poulet mariné dans beaucoup d'épices ainsi que du poulet juste saupoudré de sel et de poivre en même temps afin que différentes catégories de personnes soient heureuses!

CPSIA information can be obtained
at www.ICGtesting.com
Printed in the USA
LVHW080748140622
721218LV00005B/245

9 781804 652039